# Yoruba e Ifá

*Desvelando los Secretos de los Orishas,
Ìṣẹ̀ṣẹ, Adivinación, Santería y Mucho Más*

© Copyright 2024

Todos los derechos reservados. Ninguna parte de este libro puede ser reproducida de ninguna forma sin el permiso escrito del autor. Los revisores pueden citar breves pasajes en las reseñas.

Descargo de responsabilidad: Ninguna parte de esta publicación puede ser reproducida o transmitida de ninguna forma o por ningún medio, mecánico o electrónico, incluyendo fotocopias o grabaciones, o por ningún sistema de almacenamiento y recuperación de información, o transmitida por correo electrónico sin permiso escrito del editor.

Si bien se ha hecho todo lo posible por verificar la información proporcionada en esta publicación, ni el autor ni el editor asumen responsabilidad alguna por los errores, omisiones o interpretaciones contrarias al tema aquí tratado.

Este libro es solo para fines de entretenimiento. Las opiniones expresadas son únicamente las del autor y no deben tomarse como instrucciones u órdenes de expertos. El lector es responsable de sus propias acciones.

La adhesión a todas las leyes y regulaciones aplicables, incluyendo las leyes internacionales, federales, estatales y locales que rigen la concesión de licencias profesionales, las prácticas comerciales, la publicidad y todos los demás aspectos de la realización de negocios en los EE. UU., Canadá, Reino Unido o cualquier otra jurisdicción es responsabilidad exclusiva del comprador o del lector.

Ni el autor ni el editor asumen responsabilidad alguna en nombre del comprador o lector de estos materiales. Cualquier desaire percibido de cualquier individuo u organización es puramente involuntario.

# Su regalo gratuito

¡Gracias por descargar este libro! Si desea aprender más acerca de varios temas de espiritualidad, entonces únase a la comunidad de Mari Silva y obtenga el MP3 de meditación guiada para despertar su tercer ojo. Este MP3 de meditación guiada está diseñado para abrir y fortalecer el tercer ojo para que pueda experimentar un estado superior de conciencia.

https://livetolearn.lpages.co/mari-silva-third-eye-meditation-mp3-spanish/

# Tabla de Contenidos

**PRIMERA PARTE: YORUBA** ..................................................................... 1
   INTRODUCCIÓN ........................................................................................ 2
   CAPÍTULO 1: INTRODUCCIÓN A LA CULTURA YORUBA ..................... 4
   CAPÍTULO 2: OLORUN Y EL MITO DE LA CREACIÓN ......................... 14
   CAPÍTULO 3: ¿QUIÉNES SON LOS ORISHAS E IRUNMOLES? ............ 22
   CAPÍTULO 4: PRINCIPALES ORISHAS FEMENINAS ............................ 30
   CAPÍTULO 5: PRINCIPALES ORISHAS MASCULINOS .......................... 42
   CAPÍTULO 6: CÓMO LA ADIVINACIÓN DE IFÁ VE EL FUTURO ........ 53
   CAPÍTULO 7: HONRAR A LOS ANCESTROS ......................................... 60
   CAPÍTULO 8: CALENDARIO DE CULTO YORUBA Y DÍAS SAGRADOS ............................................................................................... 67
   CAPÍTULO 9: HECHIZOS, RITUALES Y BAÑOS YORUBAS ................. 74
   CAPÍTULO 10: CÓMO INFLUYÓ LA CULTURA YORUBA EN LA SANTERÍA Y OTRAS ................................................................................ 84
   BONO DE DEIDADES SUPREMAS: GUÍA DE OFRENDAS PARA LOS ORISHAS ............................................................................................. 92
   CONCLUSIÓN ......................................................................................... 118
**SEGUNDA PARTE: IFÁ** ........................................................................... 120
   INTRODUCCIÓN .................................................................................... 121
   CAPÍTULO 1: ¿QUÉ ES IFÁ? .................................................................. 123
   CAPÍTULO 2: DIOS Y EL GRAN SUMO SACERDOTE ......................... 132
   CAPÍTULO 3: EMISARIOS Y TROPIEZOS ............................................ 140
   CAPÍTULO 4: LAS HERRAMIENTAS DE IFÁ ....................................... 148

CAPÍTULO 5: CÓMO SE LANZA IFÁ Y UNA INTRODUCCIÓN A *ODÚ IFÁ*..................................................................................157
CAPÍTULO 6: *ODÚ IFÁ* I, PRIMERA PARTE - *OGBE* Y *OYEKU*..............163
CAPÍTULO 7: *ODÚ IFÁ* I, SEGUNDA PARTE - *IWORI* Y *ODI*.................171
CAPÍTULO 8: *ODÚ IFÁ* II, PRIMERA PARTE - *IROSUN* Y *ORONWIN*.................................................................................180
CAPÍTULO 9: *ODÚ IFÁ* II, SEGUNDA PARTE - *OBARA* Y *OKANRAN*...................................................................................188
CAPÍTULO 10: *ODÚ IFÁ* III, PRIMERA PARTE - *OGUNDA* Y *OSA*.........196
CAPÍTULO 11: *ODÚ IFÁ* III, SEGUNDA PARTE - *IKA* Y *OTURUPON*..................................................................................204
CAPÍTULO 12: ODÚ IFÁ IV - OTURA, IRETE, OSE Y OFUN....................210
CONCLUSIÓN ........................................................................216
VEA MÁS LIBROS ESCRITOS POR MARI SILVA ............................................217
SU REGALO GRATUITO ........................................................................218
REFERENCIAS........................................................................................219

# Primera Parte: Yoruba

*La guía definitiva de la espiritualidad Ifá, Ìṣẹ̀ṣẹ, Odu, Orisha, Santería y más*

# Introducción

La religión tradicional yoruba ha crecido en popularidad durante las últimas décadas, especialmente entre los afroamericanos, ya que el sistema espiritual de Ifá proporciona un profundo sentido de pertenencia cultural. La yoruba es una práctica fascinante compuesta por mitos, tradiciones, leyendas, creencias indígenas, canciones tradicionales y proverbios populares, todos ellos moldeados por los contextos sociales y culturales de África Occidental.

Este libro funciona como guía definitiva de la espiritualidad Ifá, Ìṣẹ̀ṣẹ, Odu, Orishas, Santería y mucho más. Contiene una aproximación profunda a la tradición yoruba, explora todos sus elementos e influencias, y cubre ampliamente uno de los sistemas de creencias más populares y complejos de África Occidental. Aprenderlo todo sobre este sistema de creencias no es algo que se pueda hacer de la noche a la mañana, sobre todo porque hay muchos términos y contextos culturales que pueden resultar poco familiares. Afortunadamente, este libro presenta el tema de forma interesante y fácil de entender. Aunque es una guía fácil de seguir, el libro profundiza en los temas más importantes, cubriendo todos los aspectos de este sistema espiritual. Esto lo hace ideal para principiantes sin conocimientos previos de la cultura yoruba y también para personas más experimentadas que desean puntualizar y enriquecer sus conocimientos.

En este libro encontrará instrucciones y formas prácticas para crear un altar ancestral, honrar a los antepasados y hacerles ofrendas, así como realizar hechizos, rituales y baños yoruba.

El libro ofrece una introducción completa de la cultura yoruba y una breve reseña histórica y cultural. Le permitirá entender cómo la religión no se marchitó con el paso del tiempo y se mantuvo fuerte ante las dificultades. También comprenderá mejor las principales creencias y la visión del mundo de los yoruba. Posteriormente, el libro le dará detalles reveladores sobre el dios supremo de los yoruba, Olorun, y el mito de la creación. Aprenderá sobre la historia de la creación y comprenderá cómo el Dios Supremo yoruba se manifiesta de tres maneras.

Mientras lee, aprenderá sobre los irunmoles y los orishas, cómo pueden ayudarle, y entenderá la importancia de las ofrendas y cuáles son las preferidas de cada orisha. El libro le guiará por las concepciones sagradas de lo femenino y lo masculino en la cultura yoruba y le presentará las deidades apropiadas, junto con las historias de sus orígenes, colores, personalidades y formas típicas de adorarlos. Otro capítulo habla de la práctica de la adivinación Ifá y explica quiénes pueden ser sacerdotes de Ifá. El libro también le guiará a través de una descripción del calendario de culto yoruba, sus días sagrados y cómo la religión yoruba influenció otras religiones de la diáspora africana. Por último, encontrará una guía de ofrendas para los orishas, que podrá consultar siempre que necesite recordar cuáles son los orishas y sus ofrendas preferidas.

# Capítulo 1: Introducción a la cultura yoruba

La sociedad tradicional africana, que incluye el sistema de creencias yoruba, abarca conceptos espirituales indígenas y religiones de los pueblos africanos diferentes del cristianismo y el islam. Abarca una amplia gama de rituales, símbolos, expresiones artísticas, prácticas tradicionales, cosmologías, culturas, sociedades, etc. Si usted es una persona espiritual, lo más probable es que considere la religión como un estilo de vida. Por esto mismo es lógico que la religión tradicional africana y todos sus elementos hayan influenciado la visión del mundo de la población africana.

Al contrario de lo que mucha gente puede pensar, los sistemas de creencias tradicionales africanos son dinámicos. Son muy abiertos y reactivos frente a los fenómenos que producen cambios de conceptos e ideologías, como el envejecimiento, los avances tecnológicos y el paso del tiempo. Además, estas religiones tradicionales se centran principalmente en las experiencias vitales: en lugar de tener sus bases en la doctrina y la fe, incorporan una multitud de ceremonias, rituales y otras prácticas concretas, lo que las hace increíblemente cercanas y tangibles para quienes las practican.

## La triple herencia

Si ha leído sobre las religiones africanas, habrá notado que los académicos suelen mencionar la *triple herencia*. Esto se debe a que las sociedades africanas suelen ser una mezcla de cristianismo, islam y sistemas de creencias indígenas, que juntas constituyen una *triple herencia*. Le sorprenderá saber que, aunque quienes practican las religiones tradicionales africanas son una minoría, los cristianos y musulmanes que viven en este territorio participan activamente en muchas prácticas de las creencias tradicionales de uno u otro modo. Los sistemas tradicionales de creencias influencian varios aspectos de las sociedades africanas, incluidas sus facetas políticas, sociales y económicas. Sin embargo, una gran parte de la población se ha convertido al cristianismo y al islam.

A diferencia del cristianismo y el islam, que se preocupan por convertir a las personas, las religiones tradicionales africanas se rigen por la convivencia. Uno de sus pilares es fomentar la paz y las interacciones armoniosas. Alientan las buenas relaciones con los seguidores de otras creencias y quienes practican actividades espirituales diferentes. Mientras que el islam y el cristianismo promueven la tolerancia de todos, los seguidores de las religiones tradicionales africanas no necesitan convencer a los demás de adoptar sus creencias.

## La influencia de las creencias tradicionales africanas

Pocos son conscientes de que estas religiones han viajado mucho más allá de las fronteras de su continente de origen. Esta difusión se produjo durante la trata de esclavos transatlántica y ha inspirado la aparición de otras tradiciones y sistemas de creencias en las Américas, como el vudú en Haití, la santería en Cuba y el candomblé en Brasil. Las relaciones y similitudes entre los yoruba y otras religiones, incluidas las que acabamos de mencionar, se explorarán más profundamente en el último capítulo. La relevancia de las religiones tradicionales africanas y su alcance global hicieron que estas creencias fueran muy atractivas para las personas que peregrinaron a otros continentes durante la diáspora.

En esencia, las religiones africanas están especialmente interesadas en la reproducción, la riqueza y la salud. Estas preocupaciones centrales han propiciado la creación de instituciones y organizaciones creadas en particular para asuntos como el comercio, la curación y el bienestar general de los defensores y practicantes de las religiones africanas y los miembros de otros grupos religiosos.

## Sociedad, género y medio ambiente

Aunque las religiones tradicionales africanas han marcado la pauta de sólidos debates sobre la religión civil y las interacciones sociales y comunitarias, muchas personas siguen pensando que estas creencias están en conflicto con la modernidad. Por desgracia, esto ha hecho que las minorías seguidoras de estas tradiciones sean objeto de formas inhumanas de abuso.

Las mujeres ocupan un lugar muy importante en estos sistemas de creencias, que enfatizan en las dinámicas y las relaciones de género destacando a las deidades femeninas y, en menor medida, a sus homólogas masculinas. Diosas, sacerdotisas, adivinas y otros arquetipos femeninos son eminentes en los mitos y cuentos. Incluso las académicas feministas de hoy en día utilizan estas tradiciones como referencia en sus esfuerzos por defender los derechos de las mujeres y su rol en las sociedades africanas. La tradición indígena africana aborda el género desde la perspectiva de que uno es complementario del otro. Las fuerzas de lo femenino y lo masculino deben trabajar en conjunto.

Otra cuestión muy significativa es que las tradiciones africanas comprenden nuestra interacción con el medio ambiente. Estas creencias son muy perspicaces y críticas sobre las formas de vivir en el entorno sin causar ningún daño. Este es un tema de gran importancia en el mundo actual, teniendo en cuenta la inminente crisis ecológica.

## Espiritualidad y tradición

Las religiones tradicionales africanas ofrecen sólidas relaciones entre el reino de los ancestros y el mundo físico. Esto permite a los practicantes estar en contacto permanente con sus antepasados. Según las creencias indígenas, nuestros ancestros tienen un lugar central en los asuntos de nuestra vida cotidiana.

Muchas religiones de distintas partes del mundo se mantienen vivas a través de sus escrituras y grabados. Sin embargo, las religiones tradicionales africanas se basan principalmente en la narración oral. Los cuentos y fuentes orales se han integrado en las estructuras sociales y políticas, en diversas formas de arte y en otros aspectos tangibles de la cultura. Dado que estas tradiciones son esencialmente orales, tienen una ventana para la variación y la versatilidad, que ha sido utilizada y resignificada por varios subgrupos y por múltiples religiones africanas. La tradición yoruba de Ifá y otras formas de oralidad siguen siendo fuentes de referencia fundamentales a la hora de comprender las prácticas de la religión y la visión del mundo que tienen sus integrantes.

Este capítulo le ayudará a entender qué es el yoruba, una religión tradicional africana. Se desvelan y se intentan comprender los orígenes y la historia de esta religión tradicional: las principales creencias y cosmovisiones yoruba y cómo se han mantenido fuertes a lo largo de la historia frente a la discriminación y el desprecio de las religiones mayoritarias.

## Los yorubas en pocas palabras

África Occidental es el hogar de un grupo de pueblos étnicos conocidos como los yoruba. En 2019, había aproximadamente 44 millones de yoruba, la mayoría de los cuales vivían en Nigeria, y representaban el 21 % de la población de esa nación. Los yoruba son uno de los grupos étnicos más grandes de África. Tienen su propia lengua, el yoruba, y ocupan otras regiones y países además de Nigeria. Estos incluyen, entre otros, Ghana, República Dominicana, Cuba, Jamaica, Santa Lucía, Costa de Marfil, Liberia, Venezuela, Brasil, Granada, Sierra Leona, Trinidad y Tobago y Puerto Rico.

Las tradiciones, las ideologías espirituales y las costumbres han evolucionado en un sólido sistema de creencias religiosas. Según las creencias yoruba, todos los seres humanos experimentan el *Ayanmó*, que puede traducirse como suerte o destino. Por ello, esta religión tradicional sugiere que los humanos se unirán inevitablemente con lo divino, el creador y fuente de toda la energía existente, por medio del espíritu. Este estado de unidad se llama *Olodumare*. Nuestros pensamientos, sentimientos y acciones se traducen en interacciones con otras entidades vivas del reino físico. Todas nuestras comunicaciones son esfuerzos para encontrar y alcanzar nuestro destino en el mundo espiritual. Los seguidores de las tradiciones yoruba creen que las personas que dejan de experimentar un crecimiento espiritual en cualquiera de las facetas de su vida están destinadas al *Orun-Apadi*, que es el mundo invisible de los *potsherds*. La religión yoruba considera la vida y la muerte como un ciclo interminable de existencia. Sus seguidores creen que los humanos renacen constantemente en forma de entidades físicas diferentes a medida que sus espíritus se acercan gradualmente a la trascendencia.

Según el sistema de creencias yoruba, el destino de las personas está predeterminado antes de que nazcan. El hogar, la familia, la pareja, la carrera, los intereses e incluso el momento y la causa de la muerte de cada uno están determinados de antemano. Creen que los planes, el destino y las promesas de una persona se olvidan al nacer, y que pasamos mucho tiempo esforzándonos por recordar estas cosas y alcanzar el futuro que nos estaba destinado. Los creyentes yoruba consideran que Dios es el ser más poderoso y que no tiene género. Se cree que Dios, u Olodumare, vive en los cielos y los intermediarios, u orishas, permiten la comunicación entre los yoruba y Dios.

## Historia y orígenes

Ìṣẹ̀ṣẹ es el nombre de la religión tradicional yoruba en el idioma yoruba. La palabra Ìṣẹ̀ṣẹ se refiere a los rituales, las costumbres y las tradiciones que se practican en la cultura yoruba. Este concepto es una contracción de dos palabras: Ìṣẹ̀ e iṣe. La primera puede traducirse como origen o fuente, y la segunda significa tradición o práctica. Cuando se combinan, las palabras significan *fuente de nuestra tradición*. Esta palabra se creó para significar el sistema de creencias yoruba porque hay numerosas tradiciones, prácticas, observaciones, conceptos y creencias que se unen en el culto espiritual a los orisas u orishas. Un orisha es un ser con la capacidad de reflejar algunas de las manifestaciones de Olodumare.

### Religión tradicional yoruba

Entre 12 y 15 millones de yorubas viven en el suroeste de Nigeria, Togo y la República de Benín, antes conocida como Dahomey. Estos individuos son los sucesores de una de las primeras y más destacadas tradiciones culturales y sistemas de creencias de África Occidental. Los expertos en lingüística y las pruebas arqueológicas sugieren que este pueblo ha ocupado este territorio al menos desde el siglo XV a. C. Como en cualquier otro idioma, en la lengua yoruba se han desarrollado dialectos regionales, producidos en parte por la urbanización y que han dado origen a distintos subgrupos yoruba. Estas diferencias condujeron a la aparición de un sistema social en el primer milenio antes de Cristo. Esta estructura era única en la población del África subsahariana. El hogar tradicional de los yorubas era muy próspero desde el siglo IX a. C. Las esculturas de terracota y bronce, que hoy se cuentan entre las riquezas más significativas de África, fueron construidas por hábiles artistas durante los cinco siglos siguientes.

La mitología yoruba, compuesta por la tradición oral y la narración de historias, señala a Odudwa, también llamado Odua, como el fundador y primer rey del pueblo yoruba. Algunas historias afirman que el hogar tradicional de los yoruba es la cuna de la creación y que Odudwa es el dios creador de todo. Sin embargo, algunos relatos dicen que la conquista del trono por parte de Odudwa alude a la conquista histórica protagonizada por los pueblos del este, antes del siglo XIX, del territorio yoruba. Los seguidores de Odudwa llegaron con una tradición urbana y aumentaron el protagonismo del rey, aunque entre los subgrupos de yorubas ya existía una estructura sociopolítica muy sólida de pueblos bajo la administración de un rey o jefe. Más tarde, quienes querían tener un lugar en la política debían presentar pruebas de su ascendencia o relación con Odudwa, aunque fueran inmigrantes. A esos individuos se les llamaba *hijos de Odudwa*. Llevaban *adenlas* o coronas de semillas, que se decía que les eran otorgadas por el propio Odudwa para que representaran su poder.

### Un origen controvertido

Durante años existió controversia en torno a la etnogénesis de los yoruba como cultura y religión. Numerosos historiadores han estudiado modelos intentando determinar el origen del pueblo yoruba. Muchas pistas apuntan al antiguo Egipto. Sin embargo, cabe destacar que muchas escuelas de pensamiento discrepan en lo que respecta al análisis histórico de los yoruba y sus tradiciones. Mientras que algunos historiadores creen firmemente que Egipto fue la cuna de los yoruba, otros insisten en que la presencia de árabes y egipcios de piel blanca contradice esta teoría.

Una fuente conocida como el *Corpus de Ifá* es una crónica de todos los misterios asociados a la existencia del pueblo yoruba. Según ella, el pueblo yoruba cree que el Dios supremo, u Olodumare, es el creador del universo y de todas las demás deidades. Luego, el Olodumare y los demás dioses, incluido Orishanla, que estuvo muy involucrado en el proceso, crearon a los humanos. Por eso se cree que todas las civilizaciones humanas se originaron en el hogar de los yoruba, conocido tradicionalmente como *Ile Ife*. Sin embargo, los registros religiosos y culturales de la etnogénesis yoruba no comprenden los elementos de la metodología histórica moderna. Esto significa que carecen de fechas precisas, de la validación de la verdad histórica, de fuentes fiables, de pruebas externas y de estructura. Por eso, es probable que la información presentada por el *Corpus de Ifá* no sea más que meras tradiciones y mitologías.

Aunque las diferentes escuelas de pensamiento afectan a las tradiciones históricas, una tendencia muy popular entre los historiadores modernos es el interés por la relación entre los yoruba y el antiguo Egipto. Como hemos mencionado, es muy popular la teoría de que los pueblos yoruba emigraron desde Egipto. Afirman que hay pruebas de vínculos religiosos y culturales entre los antiguos egipcios y los yoruba. Sin embargo, más allá del argumento sobre los egipcios y árabes de piel blanca, muchos estudiosos insisten en que no hay pruebas arqueológicas sólidas de la migración de los egipcios a la tierra de los yoruba. Si alguna de las dos poblaciones hubiera interactuado con la otra, según los historiadores, probablemente habría ocurrido durante las épocas predinástica y dinástica, lo que explicaría posibles influencias.

Numerosos factores contribuyen a la creencia de que hubo un contacto directo entre los antiguos egipcios y los yoruba. Esto incluye el colonialismo, el islamismo, el cristianismo, el mito de la creación yoruba y la creencia de que Egipto es el punto de partida de toda la civilización humana, hecho del que hablaremos más a fondo en los siguientes capítulos.

## Mantener la fuerza

Como hemos mencionado al principio del capítulo, los practicantes de las religiones tradicionales africanas han sido objeto de formas de abuso crueles. Esto se debe al alarmante y peligroso extremismo y los conflictos asociados con las religiones monoteístas abrahámicas, como el judaísmo, el cristianismo y el islam. Estos peligros están presentes dentro del continente africano y amenazan de forma inminente a los practicantes de estas religiones en todo el mundo. Esta aterradora e injusta tendencia ha afectado a los pueblos yoruba del suroeste de Nigeria. El cristianismo y el islam se han entrometido injustamente en la vida de los pueblos yoruba, causando desequilibrio y provocando inestabilidad espiritual entre los practicantes de la religión tradicional. Los seguidores de las religiones abrahámicas han protagonizado a menudo campañas de conversiones forzadas y han expresado odio hacia los seguidores de otros credos. Fueron tratados como inferiores y expuestos a diferentes formas de abuso y prejuicio, introduciendo prejuicios malévolos en las sociedades yoruba.

La inoportuna llegada de diferencias espirituales a la sociedad yoruba estimuló el conflicto religioso hasta el punto de provocar homicidios. Estos acontecimientos fueron muy extraños y confusos para los yorubas, teniendo en cuenta que sus creencias se basan fundamentalmente en características cordiales como la aceptación, la armonía, la tolerancia y la coexistencia. Los practicantes yorubas nunca buscan convertir a otros a su religión ni pretenden que quienes les rodean compartan sus ideologías y creencias. Los esfuerzos de extremistas por convertir a los yorubas provocaron trastornos, confusión y sentimientos de ira y dolor entre los miembros de esta sociedad. Sin embargo, los seguidores de este sistema de creencias consiguieron resistir a pesar de los desagradables trastornos.

Otro desafío que ha enfrentado el sistema de creencias yoruba es la modernización y los rápidos avances tecnológicos. Todas las tradiciones y costumbres están en riesgo constante de desaparecer o alterarse con el ritmo acelerado del mundo actual. Las tradiciones suelen sustituirse, olvidarse o perderse por completo con el paso del tiempo. Afortunadamente, los pueblos yorubas de África Occidental han conservado el control sobre sus tradiciones. Las prácticas y tradiciones religiosas yoruba son unas de las pocas que se mantienen muy similares a como se practicaban hace siglos. El pueblo yoruba ha hecho un excelente trabajo para mantener su verdad.

El Lukumi, uno de los dialectos yoruba, es la lengua litúrgica de numerosos subgrupos que surgieron de las tradiciones del vudú, la santería y el candomble. Nigeria fue la cuna de todas estas religiones. Sin embargo, fueron obligadas a fusionarse rápidamente con el catolicismo al inicio de la trata de esclavos. Los esclavos fueron obligados por sus señores y por los misioneros a adoptar el cristianismo. En este contexto, el destino de los barcos determinó la trayectoria religiosa y las creencias espirituales de estas poblaciones. Por ejemplo, los esclavos que acabaron en Sudamérica se mantuvieron decididos a seguir practicando sus tradiciones yoruba. Estas tradiciones se mezclaron con el catolicismo para formar el candomble. Por otro lado, los esclavos de los españoles que acabaron en España fundaron la santería. Por último, los esclavos que llegaron a Francia crearon el vudú. El hecho de mezclar sus creencias originales con las prácticas a las que los forzaban les permitió sobrevivir y mantener sus creencias y tradiciones africanas. También fue un medio de protección, ya que los yoruba eran objeto de abusos y castigos muy severos si se les encontraba practicando su religión tradicional. En respuesta, disfrazaron a sus deidades de santos católicos y continuaron adorándolos. Encontraron santos cuyas características se parecían a las de sus dioses y les asignaron deidades yorubas correspondientes. De este modo, parecía que honraban a los arquetipos católicos y celebraban las fiestas cristianas cuando, en realidad, estaban siendo leales a sus deidades u orishas. Por ejemplo, el equivalente cristiano de Shangó, el rey yoruba, es Santa Bárbara. Esto significa que cuando realizaban una fiesta de tambores para Santa Bárbara, en realidad la estaban haciendo para Shangó.

La decisión de mantener vivas sus creencias religiosas tradicionales -a pesar de las dificultades- permitió que tuviéramos acceso a esta información. De otra forma, lo más probable es que hoy conociéramos muy poco sobre este sistema de creencias. Esto es especialmente cierto en una religión que se basa principalmente en la narración oral y la tradición.

La tradición yoruba es uno de los sistemas de creencias originarios de África más destacados. Esta religión es muy versátil y adaptable. Además, aporta una gran cantidad de conocimientos y sabiduría sobre temas de gran importancia, incluso en la actualidad. Quizás es por eso que resulta muy atractiva y fácil de relacionar con otros credos. A pesar de su compleja y controvertida historia y de la multitud de retos a los que se ha enfrentado, esta religión ha conseguido prosperar.

# Capítulo 2: Olorun y el mito de la creación

Como ha leído en el capítulo anterior, las creencias yorubas representan una visión del mundo basada en la espiritualidad y las tradiciones antiguas. Este capítulo analizará uno de los puntos de vista notables de este sistema: la relación entre el Dios Supremo yoruba, Olorun, y el mito de la creación. Esta religión tiene una versión del mito de la creación que es muy diferente de las de otras religiones antiguas y modernas. Este relato se ha mantenido por muchas generaciones a través de la tradición oral, cambiando muy poco y manteniéndose fiel a las tradiciones que honran a Olorun y a los orishas. Además, proporciona una visión clara de cómo los yoruba ven a su Dios Supremo y la relación que tiene con otros seres, sobrenaturales y mortales.

# El mito de la creación yoruba

Hace eones, cuando los mortales aún no existían, Olorun y los orishas vivían en el cielo, el único lugar habitable en ese momento. Debajo de ellos solo había agua, gobernada por la diosa Olokun, reina del mar. Como los orishas no eran tan poderosos como el Dios Supremo y a menudo necesitaban orientación, vivían en una comunidad cercana a un baobab. En ese lugar encontraban todo lo necesario para tener una existencia feliz y pacífica. Aunque tenían poderes, vivían casi como mortales, atendiendo a sus necesidades diarias. Los orishas creaban todo lo necesario para su sustento diario, incluyendo ropas y joyas impresionantes. Si deseaban ver más de su mundo, tenían todo el cielo sobre sus cabezas. Sin embargo, no todos estaban satisfechos con su dichosa vida en comunidad ni querían ver únicamente el cielo brumoso. Obatalá era un orisha con grandes poderes y un gran deseo de utilizarlos para explorar más allá de la tierra existente y crear algo diferente. Pronto empezó a preguntarse qué podría hacer con sus poderes y, mientras lo hacía, miró hacia abajo y se fijó en las aguas. Fue entonces cuando Obatalá decidió por dónde empezar su nueva aventura, e inmediatamente fue a pedirle permiso a Olorun para construir algo en el agua. Tenía dos razones para hacerlo. En primer lugar, necesitaba crear un terreno sólido en el que pudiera apoyarse cuando ascendiera. En segundo lugar, quería hacer una tierra para nuevas criaturas, a quienes los orishas pudieran ayudar, para finalmente poder usar sus poderes. Viendo que Obatalá quería hacer algo bueno y constructivo para todos, Olorun le permitió descender al agua.

Obatalá consultó entonces a otro orisha, Orunmila, sobre los preparativos para el viaje. Orunmila tenía poderes adivinatorios, por lo que podía ver todo lo que Obatalá necesitaba para tener éxito en su búsqueda. Llevó a cabo un ritual de adivinación esparciendo polvo de raíces de baobab en una bandeja sagrada. Después de arrojar 16 granos de palma en la bandeja, Orunmila observó cuidadosamente el patrón que seguían al desplazarse por la bandeja. Repitió el proceso ocho veces, memorizando las marcas de los granos. La instrucción que dio a Obatalá fue recoger algunas semillas de baobab, maíz, arena y nueces de palma para sembrar y un gato negro para llevar como compañía. Además, Orunmila le dijo a Obatalá que la única forma de llegar a las aguas era bajando por una cadena de oro. También le indicó que recogiera los objetos personales de los otros orishas y los colocara en un huevo sagrado.

Al principio, a Obatalá le preocupaba encontrar una cadena de oro lo suficientemente larga para llegar hasta el mundo de abajo. Tuvo la idea de pedir a todos los orishas sus joyas de oro, para fundirlas en una cadena. Llevó todo el oro que le habían dado a un orisha conocido por sus excepcionales habilidades como herrero. Este herrero creó entonces una cadena lo suficientemente larga para ayudar a Obatalá a llegar a salvo a las aguas. La cadena tenía varios ganchos muy fuertes, para que Obatalá y los objetos que llevaba consigo pudieran estar seguros.

Mientras el herrero fabricaba la cadena, Obatalá fue a buscar una concha marina para recoger arena. A continuación, metió el gato, el polvo de baobab mezclado con arena y el maíz en la bolsa y fue a buscar por los alrededores nueces de palma y otras semillas para llevar a la nueva tierra. Cuando lo reunió todo, Obatalá aseguró el huevo a su cuerpo con un trozo de tela para protegerse durante el trayecto.

Después, Obatalá cogió la bolsa con el resto de los objetos y ya estaba casi listo para su viaje. Su última tarea era asegurar un extremo de la cadena a un poste en el cielo, para escalar con seguridad.

Después de siete días con sus noches, detuvo su viaje repentinamente porque se le acabó la cadena y no sabía cómo bajar al reino acuático. Mientras se preguntaba qué debía hacer a continuación, oyó que Orunmila le decía que esparciera abajo la arena de la bolsa. En cuanto empezó a verter la arena sobre el agua, para su sorpresa, esta se solidificó al instante, creando un suelo firme sobre el que podía caminar. Sin saberlo, la preocupación de Obatalá había calentado tanto el huevo, que los objetos espirituales de su interior se convirtieron en un pájaro listo para nacer. Cuando estuvo listo, un pájaro llamado Sankofa voló del huevo, llevando los espíritus de los orishas. Al aterrizar en la tierra firme, el pájaro comenzó a picotear la arena, y los espíritus de los orishas formaron montañas y valles en la tierra. Así fue como estas formaciones obtuvieron forma única, heredada de los espíritus de los orishas.

Finalmente, cuando había tierra hasta donde llegaba su mirada, Obatalá se desenganchó de la cadena y se dejó caer al suelo. Decidió llamar a esta nueva tierra «Ife», que puede traducirse como el área que separa las aguas. Ansioso por explorar esta nueva tierra, Obatalá comenzó a caminar mientras agitaba la bolsa y esparcía por el suelo todo lo que había en ella. Al hacerlo, las semillas que llevaba cayeron en la tierra y comenzaron a crecer. Crecían tan rápido que volvían todo verde sin que Obatalá lo viera. Después de caminar durante mucho tiempo, se dio la vuelta y vio las palmeras que se multiplicaban tras de sí.

Obatalá tenía al gato como compañía, pero aún necesitaba pasar el tiempo de alguna manera, así que empezó a pensar qué podía hacer con las palmeras y las otras plantas que crecían en Ife. De las palmeras hizo vino, pero se aburría de beberlo solo. Una vez, mientras disfrutaba del vino y modelaba pequeñas figuras de arcilla, se le ocurrió crear criaturas a las que pudiera guiar y que le hicieran compañía. Las figuras de arcilla no eran perfectas, y aún no sabía cómo darles forma, así que consultó a Orunmila y Olorun. Decidieron que las imperfecciones no importaban, pero que las criaturas debían tener una forma parecida a la de los orishas y no a la del Ser Supremo. Se cree que fue Olofi quien lo sugirió, diciendo que el mundo necesitaba más orishas, pero que solo podía haber un Dios. Después de todo, eran los orishas los que se ocupaban de la naturaleza y de los seres vivos. Al multiplicarse el número de seres vivos en Ife, debía haber más guías para vigilarlos. Sin embargo, como no quería concederles los mismos privilegios que a las criaturas del cielo, Olorun decidió hacer a estas nuevas criaturas mortales en lugar de inmortales como los orishas.

Además de sus diferencias físicas, Orunmila sugirió que las nuevas criaturas tuvieran diferentes esencias. Dijo que algunas debían ser mejores que otras, pero ninguna debía ser perfecta por dentro ni por fuera. De este modo, podrían aprender de sus propios errores y de los de los demás. Aunque debían ser supervisados por los orishas, los nuevos seres debían ser capaces de crear y mantener el equilibrio en la naturaleza y en sus propias comunidades. Además, esta nueva especie debía conocer el hambre y el deseo, que no eran familiares para los orishas. Dada la enormidad de las tareas encomendadas, Olorun animó a Obatalá a plantar más y a esculpir otras criaturas, como peces, insectos y otros animales antes de su objetivo final: los humanos. Todas las demás criaturas servirían a la humanidad como alimento y, creándolas, tendría más tiempo para aprender y crear una especie más evolucionada física, intelectual y espiritualmente. Olorun también advirtió a Obatalá que los humanos necesitarían un largo período de desarrollo para alcanzar su pleno potencial. A diferencia de las demás especies -que podían madurar en semanas o meses-, los humanos necesitarían años de desarrollo para aprender valores como la bondad, el sacrificio y el equilibrio.

Al cabo de un tiempo, curioso por lo que ocurría abajo, Olorun envió a otro orisha para ver cómo le iba a Obatalá. El informe que recibió decía que, aunque Obatalá hacía figuras para su entretenimiento, seguía deseando que cobraran vida. Quería verlas prosperar y guiarlas. Para ayudarle, Olorun lanzó a Ife una enorme bola de fuego formada por gases explosivos del cielo. Este fuego no solo creó más tierra habitable, sino que también coció las formas creadas por Obatalá. Finalmente, Olorun dio vida a todas las formas de Ife utilizando su poderoso aliento. Después de presenciar la alegría de Obatalá con esta nueva vida, Olorun envió la bola de fuego de vuelta al cielo, donde se convirtió en el Sol. Al darse cuenta de que Obatalá necesitaría ayuda para su tarea, Olorun le envió un par de orishas más poderosos, incluyendo a Orunmila.

Así pues, Obatalá y los demás orishas avanzaban en su agotador trabajo, y estaban progresando muy bien hasta que llegó el momento de esculpir las formas físicas de los humanos. Mientras Obatalá paseaba pensando cómo darles la forma de los orishas, se detuvo a descansar. Como se encontraba junto a un estanque claro, decidió beber de él. Pero antes de probar el agua, vio su propia cara reflejada y se dio cuenta de que era un orisha. Finalmente, teniendo una idea de cómo debían ser los nuevos seres vivos, se puso a crearlos con los trozos de arcilla que encontró al lado del estanque. Obatalá estaba bastante satisfecho con el resultado final, así que creó muchos más cuerpos de arcilla. Durante su trabajo volvió a tener sed un par de veces, pero no siempre bebía agua. A veces, buscaba el vino para saciar su sed, y pronto estuvo bastante borracho. Como resultado, las formas de arcilla empezaron a tener un aspecto cada vez más diferente, y a algunas incluso les faltaron extremidades y otras partes del cuerpo. Sin embargo, en ese momento no se dio cuenta, y pensaba que todas sus esculturas eran hermosas. Además, le habían dicho que cuanto más diferentes fueran, mejor. Posteriormente, la siguiente vez que repitió el proceso, lo hizo sin beber vino para poder concentrarse en formarlas lo más sanas que le fuera posible.

Finalmente, cuando todas las criaturas cobraron vida, Olorun descendió por la cadena convertido en Olofi para verlas. Al ver el gran número de nuevas especies, decidió dar a cada orisha algunas de ellas para que las guiaran. Mientras tanto, a los humanos se les encomendó la tarea de vigilar su entorno natural. Se les animó a informar a los orishas si había que cambiar algo, aunque no se les enseñó a comunicar sus necesidades. Orunmila creó varios caminos para cada humano, mientras que otros los potenciaron con diferentes cualidades, dando forma a su destino final.

En un principio, Olokun sentía curiosidad por la vida que se desarrollaba en torno a su reino acuático y no interfería en el trabajo de los orishas. Sin embargo, al ver que las nuevas especies usurpaban sus dominios, se enfadó y decidió vengarse. Aprovechando la ausencia de Obatalá, que estaba en su tierra natal, Olokun ordenó a sus aguas que se tragaran la tierra firme creada por Obatalá. Las plantas, los animales y muchos humanos murieron, y solo quedaron con vida algunas personas que lograron huir a las zonas más altas y pedir ayuda. Buscaron refugio y medios para sobrevivir en Eshu, el único orisha cercano que podía ayudar. Eshu accedió a informar a Olorun lo que estaba ocurriendo, pero solo después de que los humanos le ofrecieran un sacrificio a él y a Obatalá. Cuando Olorun se enteró de lo que estaba ocurriendo en Ife, envió inmediatamente a Orunmila, ordenándole que lanzara hechizos para hacer retroceder el agua. Al ver que las tierras secas reaparecían, el ser humano se mostró muy agradecido con los orishas y el Dios Supremo.

Al ver que la humanidad se desarrollaba más lentamente de lo esperado y aún no podía sobrevivir por sí misma, y mucho menos vigilar su entorno natural, Olorun decidió darle aún más poder. Pidió a Obatalá que los hiciera más fuertes físicamente y les diera órganos más grandes, incluido el cerebro. Bajo la tutela de los orishas, la nueva especie humana se hizo más resistente y consciente de su entorno. Además, fueron entrenados para comunicarse con los orishas. Aprendieron qué ofrendas y oraciones debían hacer a cada orisha y cómo apaciguarlos si cometían algún error que los decepcionara. Los que aún no habían aprendido esto, estaban bajo el cuidado de Obatalá, junto con todas las criaturas deformes.

## Olorun, Olofi, Olodumare y los orishas

Aunque los humanos podían transmitir mensajes a los orishas, no podían hacer lo mismo con el Dios Supremo. Como dueño de los cielos y de todo lo que está por debajo de ellos, el Dios Supremo ocupaba la cima de la jerarquía del panteón yoruba. Este rango era mantenido por sus tres representaciones: Olorun, Olofi y Olodumare.

Olodumare, el todopoderoso, era el hacedor de las tierras, y posiblemente el creador de todo el universo. Sin embargo, este ser nunca se manifestaba ni recibía mensajes, ni siquiera a través de los orishas. Su único propósito era supervisar su obra maestra.

Olorun era la única manifestación que la gente podía percibir, y siempre estaba presente en el cielo, como el sol. Esta representación ayudaba a mantener el orden natural de las cosas y permitía a los humanos disfrutar del mundo creado por Olodumare. Además de reinar sobre Orun, la tierra de los espíritus, Olorun también se comunicaba con los orishas, pero solo cuando era necesario.

Por otro lado, Olofi estaba siempre a disposición de los orishas y les permitía transmitir los mensajes de los seres humanos.

Los orishas también utilizaban esta manifestación del Dios Supremo para aprender todo lo que necesitaban para comunicarse con la gente. Gracias a esta manifestación, podían enseñarles a ser más respetuosos con ellos mismos y con los demás. Esto ayudó a que se mantuvieran sanos mental y físicamente.

Hay bastantes diferencias entre Olorun y el resto del panteón yoruba. Para empezar, a diferencia de los orishas, que pueden ser tanto masculinos como femeninos, Olorun trasciende los géneros y es un ser neutro. Como ser supremo, gobierna por encima de todo y de todos. Los orishas son solo sus asistentes, actúan como intermediarios entre Olorun y otros seres. Sin embargo, al mismo tiempo, los orishas son tan fundamentales para los humanos como el propio Dios Supremo. La energía de Olorun fluye a través de los orishas y no puede ser alcanzada directamente.

## Proverbios yorubas y el significado de Olorun

*¿Ta ní tó Olórum? Edá tá mòla ò sí.*

*¿Quién es tan grande como Dios? Ningún ser humano conoce el mañana.*

Este proverbio ilustra que nadie sabe más que Olorun. Nadie sabe lo que le depara el destino; solo Olorun. Por eso, antes de actuar impulsivamente, siempre vale la pena considerar los resultados posibles de sus acciones. Así evitará meterse en problemas innecesarios.

*Eni tí a ò lè mú, Olórum là ńfi lé lówó.*

*Un adversario sobre el que no se puede prevalecer, se deja para el juicio de Dios.*

Significa que si un adversario es más fuerte que usted, debe dejar que Dios lo domine. Incluso si se encuentra con alguien que le causa un gran daño, es mejor dejarlo en manos de Dios. Olorun sabrá cómo tratarlo y siempre le impartirá el castigo que merece.

*Olórum ibá dá kan-in-kan-in tóbi tó esinsin, àtapa ni i bá ta èèyàn.*

*Si Olorun hubiera hecho a la hormiga negra tan grande como una mosca, nos habría picado hasta la muerte.*

Por la gracia de Dios, los malvados carecen del poder para hacer suficiente daño. Las malas cualidades son necesarias para equilibrar las buenas. Si no fuera por Olorun, este equilibrio no existiría y las personas malas no tendrían nada bueno en su interior.

# Capítulo 3: ¿Quiénes son los orishas e irunmoles?

En el capítulo anterior, aprendió que los orishas representan al Dios Supremo, que los creó para ayudar y supervisar a la humanidad y a otros seres vivos. En este, aprenderá el papel fundamental de los orishas como mediadores entre el reino humano y el espiritual y por qué representan la comunicación más importante con Olofi, y por extensión, con Olodumare. Aprender sobre la gran cantidad de orishas a los que puede recurrir lo enriquecerá y fortalecerá espiritual, mental y físicamente.

# Orishas e irunmoles

Cuando se habla del papel de los orishas en el panteón yoruba, hay otro término muy importante, irunmole. Mientras que los orishas son bien conocidos para quienes están un poco familiarizados con la religión yoruba, no sucede lo mismo con los irunmoles. Quienes han oído hablar de estos últimos, a menudo los confunden con los propios orishas. Sin embargo, hay una gran diferencia entre ambos conceptos. En todo caso, a pesar de la bien documentada jerarquía entre los diferentes seres del panteón yoruba, aún faltan partes de las leyendas tradicionales sobre los irunmoles.

Lo que sabemos es que el término irunmole se compone de tres palabras: irun (ser celestial), mo (conocimiento) e ile (tierra). Por lo tanto, los irunmoles son seres celestiales con una gran sabiduría que visitan la tierra. La palabra también puede significar una fuerza de la naturaleza, incluso más poderosa que la energía. Esto sugiere que son seres hechos de luz y no de energía. ¿Por qué es importante? Porque implica que mientras la mayoría de los orishas eran seres humanos que alcanzaron la unidad con Olodumare, el irunmole es la fuerza que permite a los orishas alcanzar ese nivel. Solo aquellos que se ganaron un puesto por sus acciones son conocidos como orishas, y así es como Obatalá, Oshun y otras figuras famosas llegaron a serlo. El irunmole les ayudó a evolucionar su energía y su espíritu al estado de Olodumare. Al igual que hay muchos orishas diferentes, hay muchos irunmoles, que a menudo trabajan juntos para ayudar a los humanos. Por ejemplo, para superar una dificultad en la vida, necesitará la ayuda de Ogun y también de los irunmoles de Ogun.

Según algunas fuentes yoruba, los primeros 200 orishas creados por Olodumare ya poseían irunmole. De hecho, es posible que estos orishas, incluyendo a los que habitan la tierra, sugirieran la creación. En un principio, solo eran los intermediarios entre Olofi y la humanidad, pero es fácil pensar que utilizaran su poderosa energía para ayudar a otras criaturas. Además, eran capaces de adoptar muchas formas, muchas más que los orishas menores. Conformaban la comunidad celestial e invocaban regularmente al Ser Supremo, consultándole sobre sus deberes diarios. Según cuenta la leyenda, lo visitaban con tanta frecuencia, que Olorun decidió encomendarles la tarea especial de establecer la paz alrededor del árbol de baobab. Así, cuando pidieron la expansión del universo hacia las aguas de abajo, Olorun estuvo feliz de enviarlos a Ife para supervisar la evolución de la nueva vida.

Hoy en día, se dice que un irunmole es la única presencia del Dios Supremo en la tierra. Sin embargo, esta energía es capaz de tomar varias formas espirituales y físicas, incluidas las de los seres humanos y objetos inanimados. Según muchos yoruba contemporáneos, los irunmoles también pueden dar poder a entidades incorpóreas si se necesita su ayuda durante un hechizo o una ceremonia. Algunos de ellos también consideran a Olofi como el primer irunmole, lo que explicaría que sea la única manifestación de Dios que se comunica con otras especies. Sin embargo, todos coinciden en que, a diferencia de los orishas, los irunmoles nunca fueron seres humanos, sino espíritus naturales. Por eso pueden convertirse en manifestaciones del poder divino, de la energía natural o espiritual, o en cualquier fuerza que los humanos necesiten, pero que les resulte incomprensible. Solo alejándose de su descripción abstracta se puede comprender la importancia que realmente tienen en la vida de los seres humanos. Ya sea que los considere como espíritus de energía y luz o como orishas con habilidades especiales, pueden ayudarle a desarrollar y transformar su energía, elevándola a un plano más alto. En general, los 401 irunmoles vagan por la tierra en busca de humanos a los que ayudar. Si decide buscar su ayuda, no olvide que puede necesitar la mediación de un orisha menor para comunicarse más fácilmente con ellos.

Mientras que los irunmoles son vistos como entidades de luz, los orishas son considerados casi como humanos. Cada uno de ellos está asociado con un aspecto de la naturaleza en el que se expresan sus cualidades divinas. Pueden realizar hazañas ejemplares, que son debidamente reconocidas, pero los humanos pueden comunicarse con ellos. Por supuesto, hay que saber honrar a un orisha. De lo contrario, no trabajarán con usted. Debe aprender lo que les gusta y lo que no les gusta para evitar su lado malo. Aunque a menudo trabajan como intermediarios entre el hombre y Olofi o el resto del mundo divino, los orishas a veces también pueden trabajar en contra de los humanos. Al igual que nosotros, tienen sus gustos y disgustos, y si algo les enfada, pueden hacer daño.

Aunque este estado de ánimo tan cambiante puede parecer desagradable, es esta actitud humana la que los hace tan identificables. Tienen sus propios defectos y virtudes, al igual que nosotros, y siempre se aconseja a los nuevos practicantes que busquen al orisha con el que mejor puedan relacionarse. Trabajar con un orisha le permite formar una conexión personal con él. Obtiene un guía y un consejero, un ser con el que se puede identificar, y cuanto más lo conozca, más fuerte será su vínculo. Esta forma de relacionarse contribuye a la continuidad de este sistema de creencias y a no olvidar su influencia en el desarrollo de tantas religiones africanas y sudamericanas contemporáneas. Afortunadamente, hay muchos orishas a los que un practicante yoruba puede recurrir. En los siguientes capítulos se hablará de los más importantes y útiles.

En la cultura yoruba, cada orisha tiene sus propias oraciones o eleke y su propio número. A pesar de ser tantos, se reconocen por su número. Se dice que algunos de ellos estaban presentes en forma de irunmoles cuando se creó la tierra a partir del antiguo reino del agua, mientras que otros surgieron más tarde. Lo más probable es que se trate de seres humanos que trascendieron a una existencia semidivina. Cada orisha se comunica y se manifiesta de forma diferente. Algunos aparecen en la naturaleza, como montañas, ríos o árboles, mientras que otros toman la forma de seres humanos o animales familiares. Según las antiguas leyendas yoruba, los orishas no conocían el hambre, la sed ni el deseo, elementos desconocidos para los seres celestiales. Sin embargo, a medida que su número creció y pasaron más y más tiempo con la humanidad, adquirieron la capacidad de comer, beber y amar, al igual que los humanos. También aprendieron a disfrutar de la música, con la que se apaciguan fácilmente.

Además, cada uno de ellos tiene sus propios alimentos favoritos y otros objetos que les gusta recibir como ofrendas y regalos. Si usted hace una ofrenda a un orisha de una forma a la que está acostumbrado, y le ofrece algo que le gusta, reconocerá el gesto y acudirá en su ayuda de inmediato. La investigación le enseñará más sobre sus gustos y disgustos, y aún más útil le será la observación de las fuerzas de la naturaleza que gobiernan. Cuando lleve a cabo su investigación, recuerde que los orishas suelen trabajar juntos, por lo que siempre debe prestar atención a la forma en que las fuerzas de la naturaleza interactúan entre sí. Por ejemplo, el orisha que gobierna los ríos trabajará con el que gobierna los mares en los que desembocan los ríos. La forma en que fluye el río, su subida y bajada, también reflejan el estado de ánimo cambiante de los orishas. A medida que observe su trabajo, obtendrá una mejor comprensión de los complejos caminos de los orishas. Verá su fuerza celestial, así como sus cualidades humanas. Esto le permitirá entender que, en cierto modo, no son diferentes de usted, lo que facilitará la creación de un vínculo profundo con ellos. Si logra establecer una relación de respeto mutuo con un orisha, un día, cuando más lo necesite, podrá encontrarse cara a cara con él.

# Orishas y Ashé

Aunque no se puede negar el papel de los orishas como intermediarios entre el Dios Supremo y nosotros, pueden ser aún más útiles en las prácticas de curación. El Ashé de los orishas puede dominar la desgracia y el mal, limpiando su alma y ayudándola a crecer hasta el nivel deseado. Para muchos, esto significa alcanzar la unidad con Olodumare, pero incluso si su objetivo es sanar las heridas del pasado, Ashé será de gran ayuda.

¿Pero qué es Ashé y cómo le afecta? Ashé es un poder divino, la fuerza que mueve todo en el mundo. Inicialmente, Olodumare otorgaba esta energía solo a los orishas que servían a Dios en los cielos. Incluso cuando se les ocurrió crear Ife y a la humanidad, el hombre no estaba dotado de Ashé, ya que no se consideraba necesario que lo tuviera. Con el tiempo, el Dios Supremo y los orishas se dieron cuenta de que todo ser vivo podía beneficiarse de esta fuerza. Entonces el Dios Supremo comenzó a dotar a todo de Ashé, incluso a los objetos inanimados, convirtiendo esta energía en uno de los conceptos más fundamentales del sistema de creencias humano. Ahora lo conocemos como el inmenso poder que hay detrás de todo, incluidos nuestros propios pensamientos, emociones y acciones.

Ashé llega a nosotros a través de una sola fuente: los orishas. Ellos custodian este flujo y pueden canalizarlo hacia nosotros para que nos acompañe en nuestros viajes. Al trabajar con los orishas, puede acceder a su Ashé a través de oraciones, ofrendas y otras ceremonias, asegurando mantenerse en el camino correcto. Además, hay otras formas de canalizar el Ashé hacia usted, especialmente para la adivinación o la curación. Las hierbas, los colores, las velas y los cristales también pueden favorecer el flujo de Ashé, conduciéndolo hacia usted y uniéndolo con su propia energía.

Trabajar con Ashé puede ser más fácil de lo que cree, ya que está acostumbrado a recibir palabras en forma de oraciones, canciones, maldiciones y alabanzas. A veces, incluso una conversación cotidiana puede atraerlo, animándolo a hacer que las cosas sucedan y a lograr el cambio que desea en su vida. Por esta misma razón, debe tener mucho cuidado con su uso; ¡toda su existencia puede depender de él! Ashé no solo tiene características sagradas, sino que su dimensión social va más allá de lo imaginable. Cualquiera que aprenda a relacionarse y utilizar esta fuerza vital y esencial se convierte en una figura de autoridad. Al mismo tiempo, a través de su propia iniciación, ve reflejado su efecto que cambia su vida para siempre. Si aprende a dominar este poder, dependerá aún más de él. Pero sabrá cómo emplearlo en sus rituales para invocar a determinados orishas o incluso a Olofi en caso de que necesite su ayuda. Trabajar con un orisha significa reconocer la singularidad de su Ashé y saber cuándo puede ser útil para usted. El reconocimiento de su autonomía es un signo de respeto, que también le ayudará a ganar su confianza y establecer una relación mucho más amigable.

## ¿Cómo sanan los orishas?

Cuando un orisha entra en contacto con su cuerpo, le transfiere su Ashé. Pero además de prestarle su Ashé para hacerlo más fuerte y permitirle superar las dificultades de la vida, los orishas pueden ayudarle de muchas otras maneras. Cada uno de ellos representa una fuerza particular en el panteón yoruba. Todos tienen sus propias especialidades y sus influencias específicas. Pueden proteger y curar la naturaleza, y pueden hacer lo mismo por usted, solo tiene que saber a cuál invocar. El orisha que elija para trabajar lo protegerá y defenderá según sus poderes; por ejemplo, puede hacer que una enfermedad desaparezca de alguna parte específica de su cuerpo. Desde las dolencias físicas hasta las cicatrices emocionales, todos necesitamos curación de maneras diferentes. Aunque el vínculo que forme con un orisha se manifestará principalmente en su cuerpo, esto no significa que no potencie su estado mental. Usted existe a través de su cuerpo, así que es el único canal por el que los orishas pueden conectarse con usted. Pero una vez que se ha establecido la conexión, ellos envolverán su mente y su cuerpo, curándolo espiritualmente si es necesario. Como se ha mencionado antes, lo más probable es que necesite algunos intermediarios para transferir la energía. El uso de elementos asociados a los orishas facilitará la interacción con su cuerpo, restaurando su salud y vitalidad.

## ¿Qué es un ebbó?

En la terminología yoruba, ebbó significa sacrificio. Sin embargo, un ebbó puede significar también otras cosas. Se puede ofrecer durante diferentes ceremonias y puede representar varios tipos de sacrificios. Puede representar un sacrificio, ofrenda, purificación o expresión de gratitud. Además, el ebbó que se haga en cada evento dependerá de los orishas que se invoquen y de sus gustos. Después de un ebbó tradicional yoruba, el poder de cada oración, hechizo o ritual se eleva, y la mentalidad del practicante estará más cerca de producir un resultado positivo.

Hay muchos tipos de ebbó, y pueden diferenciarse por los elementos utilizados, la ofrenda y el proceso para realizarla. Mientras que los sacrificios de animales eran muy comunes en el pasado, hoy en día no son necesarios. El orisha al que invoque estará satisfecho con una ofrenda de frutas y dulces, acompañada de una oración o quizás un baño con un despliegue de flores. Recuerde que durante un ebbó está limpiando su cuerpo de energía negativa para que el ashé del orisha pueda fluir más libremente. Esta práctica es una medicina que puede curar las heridas del pasado y resolver los problemas. Esto solo es posible si el sacrificio que hace sirve para su tranquilidad y salud, tanto física como mental. Incluso si solo lo hace para complacer a un orisha y obtener una mayor colaboración, solo funcionará si mantiene un equilibrio en la naturaleza. Después de todo, los orishas velan por otros seres, no solo por los humanos.

Un ebbo es un ritual común realizado antes de la adivinación de Ifá. En este caso, es una combinación de rituales que prepara simbólicamente a la persona que necesita la adivinación. Pero un ebbó también es esencial en otro tipo de situaciones, como cuando se quieren cambiar las circunstancias. Aparte de la limpieza, un ebbó puede ayudar a identificar problemas dentro de su estructura espiritual. Una vez identificados, podrá sanarlos y sentirse mejor. Si desea revelar su futuro o el de otra persona, si necesita orientación para alcanzar sus objetivos o busca la iluminación espiritual a través de las formas tradicionales yoruba, debe realizar un ebbó. Incluso si la persona para la que se realiza la ceremonia está en sintonía con su destino, la realización de un ebbó mantendrá el equilibrio natural de las energías.

El sacrificio del ebbó (o eje) es un tipo específico de ebbó y representa la ofrenda del poder más elevado de un ser vivo. Algunos creen que deben usar la sangre de un animal, pero esto está lejos de la verdad. De hecho, el poder y el Ashé de los orishas fluye a través de todo el animal, y es más fuerte cuando el animal está vivo. Por eso, muchos practicantes utilizan animales vivos durante sus rituales. Por ejemplo, puede adoptar un animal y alimentar su fuerza vital, promoviendo aún más el flujo de ashé a través de él. O puede dárselo a la persona para la que está realizando un ritual para que se encargue de él. Otra forma de usar los animales en un sacrificio consiste en liberarlos en la naturaleza una vez concluida la ceremonia. La propia liberación puede ser fundamental para el éxito del ritual. Esta es una práctica habitual en los rituales de limpieza en grupo antes de una festividad importante. En el ebbó en el que comunidades enteras participan en la fiesta de celebración, los animales no se sacrifican en vano, sino que se cocinan y se utilizan como alimento. Es un acto de gratitud hacia los orishas, la naturaleza y el animal que dio su vida para alimentar al pueblo. Es un acto que trae armonía y equilibrio a la comunidad y a la vida individual de sus integrantes.

# Capítulo 4: Principales orishas femeninas

En el capítulo anterior hemos hablado sobre los orishas y su papel en la religión yoruba. Hasta el día de hoy, los dioses yorubas siguen fascinando a la gente. Como intermediarios entre la Deidad Suprema y los humanos, los orishas juegan un rol fundamental en esta religión. Hay diferentes tipos de orishas, y representan las fuerzas de la naturaleza. Como se mencionó en capítulos anteriores, hay orishas masculinos y femeninos. En este capítulo, nos centraremos en los principales orishas femeninos.

# Ayao

Ayao es la diosa del aire. Vive en el bosque o en el cielo, y cuando viaja se convierte en ciclón o torbellino. Ayao nunca toca el suelo; por esta razón, todas sus ceremonias tienen lugar sobre una mesa. Se entregaba a los hijos de Oya, pero en la actualidad se entrega a sacerdotes y sacerdotisas. Cuando los iniciados de Oya realizan un parto bendecido, Ayao atiende a los espíritus con los que se relacionan. Utiliza estos espíritus para ayudar a su hermana Oya en las batallas.

- **Origen**

Ayao es la hermana menor de Oya, que es otra orisha. Ella y su hermana son muy veneradas. Ayao vive en el cielo para proteger a los espíritus que atraviesan las nubes para vivir en el reino de Olofi. Trabaja con el orisha de la naturaleza, Osain, del que aprendió magia y botánica. Utiliza nueve piedras, una ballesta y una pluma.

- **Personalidad**

Ayao es una guerrera muy poderosa y feroz. Es conocida como una orisha muy inteligente y tiene abundantes conocimientos de magia y brujería.

- **Colores**

Los colores que se asocian con Ayao son los de las hojas y las cortezas: diferentes tonos de marrón y verde.

# Oya

Oya es la diosa del tiempo. Representa las tormentas, los huracanes y el viento. Es una mujer alta y hermosa. Es una de las siete potencias africanas; una de las orishas más poderosas y temidas. Las mujeres invocan a esta orisha para que les ayude a resolver disputas, por lo que se la considera una protectora de las mujeres. Cuida el inframundo para ayudar en la transición de los recién fallecidos de nuestro mundo al reino de los espíritus. También se la asocia con los funerales. Al girar su falda mientras baila, Oya puede invocar tornados y rayos. Puede alterar el cosmos, lo que es necesario para equilibrar el universo. Oya puede manifestarse como una hermosa mujer o un búfalo de agua con cuernos. Las madres que sufren abortos y quieren quedar embarazadas ofrecen bebidas y alimentos a Oya. Cura las enfermedades pulmonares y protege contra tornados, tormentas, huracanes y rayos. También puede proteger a los vivos de ser perseguidos por los muertos.

- **Origen**

Según una leyenda yoruba, un día, Ogun, el dios de la guerra y el hierro, vio salir del río Níger a un llamativo búfalo de agua con cuernos que se transformaba en una mujer muy hermosa. La siguió mientras caminaba como una reina y no pudo evitar enamorarse de ella. Le rogó a Oya que se casara con él y ella dudó. Sin embargo, Ogun le dijo que conocía su identidad bovina y la amenazó con revelarla si no accedía a casarse con él. Se casaron y él la amó apasionadamente. Sin embargo, durante una discusión, Ogun reveló su secreto. Entonces, Oya le abandonó y se casó con su hermano Shangó, el dios del trueno y la luz. Era su consejera de confianza y luchaba junto a él en las batallas. Oya era estéril, así que sacrificó un trozo de tela con los colores del arco iris. Funcionó y dio a luz a 9 hijos.

- **Personalidad**

Oya es extremadamente intelectual y poderosa. Es una guerrera valiente que nunca se repliega en una batalla. Según la leyenda, se dejaba crecer la barba y usaba pantalones para luchar como un hombre durante las guerras. Es una fuerte protectora, especialmente de sus hijos, y ha ayudado a todos los orishas. Cuando se enfada, esta poderosa orisha puede invocar cualquier desastre natural para destruir hombres. También tiene habilidades psíquicas que le permiten ver más allá de nuestro mundo.

- **Colores**

Los colores asociados con Oya son el negro, y los tonos rojos, naranjas, y púrpuras.

- **Alimentos y ofrendas**

A Oya le agradan las frutas como las uvas y las ciruelas púrpuras, las uvas negras y la carambola. Sin embargo, su comida favorita son las berenjenas, por lo que una ofrenda tradicional para Oya son nueve berenjenas. Si no se pueden comprar nueve, basta con cortar una berenjena en nueve trozos, ya que el nueve es el número asociado a ella por sus nueve hijos. Otras ofrendas para Oya son flores, vino tinto, buñuelos de arvejas, legumbres y tabaco. Puede presentar las ofrendas llevándolas a las puertas del cementerio o montando un altar en su casa. La mejor comida para un ritual de Oya es la sopa de nueve granos o la berenjena con arroz.

# Yewa

Yewa es la hermana de Oya y, al igual que esta, se asocia con los cementerios. Es la diosa de la muerte y la virginidad. Trabaja con Oya y vive en el cementerio. Yewa es considerada la reina de los cadáveres, ya que los protege desde que mueren hasta que son enterrados. Luego los entrega a Oya. Según la leyenda, Yewa bailaba sobre las tumbas para tranquilizar a los muertos y hacerles saber que estaban protegidos. También protege a los inocentes y castiga a los que no rinden culto a los muertos. Se cree que Yewa se transformaba en un búho para vigilar sin que nadie se diera cuenta. Como también es la diosa de la virginidad, sus devotos deben permanecer célibes.

- **Origen**

Yewa no siempre fue la diosa de la muerte; antes era una orisha del agua. Es hija de Obatalá, el padre del cielo y el dios de la pureza, y era conocida por su exquisita belleza. Según la leyenda, Shangó, famoso por ser un mujeriego, sedujo a Yewa cuando era muy joven y ella quedó embarazada. Sin embargo, le dieron una poción que le hizo abortar al niño. Ella quedó destrozada por el incidente y se castigó a sí misma residiendo en el cementerio. También existe otra versión del mito: se dice que amaba a Shangó, pero no cedió a sus sentimientos y permaneció virgen. Avergonzada por esto, se lo confesó a su padre, que la envió al reino de los muertos donde permaneció célibe.

- **Personalidad**

Yewa es misteriosa, sombría y muy majestuosa. Tiene una personalidad muy seria y desprecia el humor, la promiscuidad y las bromas sexuales. También detesta las groserías, la vulgaridad, el lenguaje soez, las insinuaciones sexuales y las charlas sobre sexo, lo cual tiene sentido, ya que es la diosa de la virginidad. Yewa es considerada como una de las orishas más solitarias y es muy diligente, inteligente, sabia, conocedora y trabajadora.

- **Colores**

Los dos colores que se asocian a Yewa son el escarlata y el rosa.

- **Alimentos y ofrendas**

Como diosa de la muerte y reina de los cadáveres, Yewa aprecia las flores perfumadas para disimular el olor de los cuerpos muertos. Se debe usar un gran ramo de flores para aumentar la fragancia.

## Oba

Oba es la diosa de los ríos, su símbolo es el agua. Representa la energía, la flexibilidad, la protección y la restauración. En algunos lugares se la considera la diosa del amor, mientras que en otros es la protectora de las prostitutas. Castiga a todo aquel que se aprovecha de un corazón enamorado, ya que ella fue engañada por su amado marido, que no pudo mantenerse fiel a una sola mujer.

- **Origen**

La historia de cómo Oba se convirtió en la diosa del río es muy triste. Fue la primera esposa de Shangó y era consciente de que su marido tenía los ojos desviados. No le importaba compartirlo mientras siguiera siendo su única reina. Sin embargo, Shangó se enamoró perdidamente de Oshun y Oya, y las trató como reinas. Oba se sentía muy frustrada y celosa por cómo su marido amaba a estas mujeres. Según la leyenda, una de las mujeres engañó a Oba diciéndole que había cortado un trozo de su oreja, lo había cocinado y se lo había servido a Shangó para que la deseara. Oba siguió los pasos de su rival y se cortó la oreja para servírsela a su marido. Cuando Shangó vio la oreja en su comida, le dio asco. Algunas leyendas dicen que la dejó y nunca volvió, mientras que otras dicen que pensó que ella quería envenenarlo y la echó de la casa. Ella lloró hasta que sus lágrimas crearon el río Oba. No se sabe exactamente cuál de las mujeres engañó a Oba, pero Oshun era famosa por sus habilidades culinarias.

- **Personalidad**

A juzgar por su triste historia, se puede pensar que Oba es estúpida o débil. Sin embargo, Oba es una mujer muy inteligente, independiente y con un gran papel en la política y el comercio. También es poderosa, hermosa y rica. Simplemente fue superada por una mujer astuta que se aprovechó de su amor por su marido.

- **Colores**

Los colores asociados a Oba son el rojo, el blanco y el rosa.

- **Alimentos y ofrendas**

La orisha Oba gusta de las flores, el vino, las velas y el agua de estanque o lago. Evita el agua de lluvia y de manantial. Si planea cocinar una comida para esta orisha, opte por frijoles con camarones y cebollas.

# Yemoja

Yemoja, que también recibe el nombre de Yemayá, es la diosa de la superficie del océano. Representa la maternidad y todo lo relacionado con las mujeres. Es una de las siete potencias africanas. El nombre de Yemayá significa «la madre cuyos hijos son peces». Este nombre alude a los muchos devotos que tiene, tan numerosos como los peces del mar. Además, tiene muchos hijos, ya que es la madre de casi todos los orishas. Vive en el mar y se asocia con el agua salada.

- **Origen**

Yemoja es la hermana de Oshun. Solía vivir en el cementerio mientras Oya vivía en el mar. Yemoja engañó a Oya para que cambiara de lugar con ella. Oya nunca la perdonó, por lo que estas dos orishas nunca deben ser veneradas juntas.

- **Personalidad**

Yemoja tiene muchos devotos gracias a su bondad y generosidad. Su personalidad se asemeja a la del mar; es dadivosa, hermosa, profunda y llena de tesoros. Sin embargo, al igual que el mar, hay que evitar que se enfade. Le gusta tener cerca todo y a todos los que ama.

- **Los colores**

Los colores asociados a Yemaya son el blanco, el marfil y el azul.

- **Alimentos y ofrendas**

Para apaciguar a Yemayá, use perfumes, conchas marinas, corales, joyas, flores (sus favoritas son las rosas blancas) y jabones perfumados. En cuanto a la comida, esta diosa del mar adora la sandía, la granada y todas las frutas y verduras jugosas. También le gustan las proteínas como el pato, el pescado y el cordero. A Yemayá le gustan el pastel de coco, los chicharrones de cerdo, los chips de plátano y el plátano como aperitivos. Puede colocar las ofrendas en el mar o construir un altar en su casa.

# Osun

Osun, también escrita Oshun, es la diosa del río. Es una de las deidades femeninas de las siete potencias africanas. Representa el amor, el romance, la belleza y la riqueza. Domina todo lo que fluye, como la miel, el agua, la leche e incluso el dinero. Osun tiene habilidades curativas para los órganos reproductores, entre otras partes del cuerpo humano. Suele ser invocada para ayudar en cuestiones de fertilidad y para proporcionar empleo, protección, riqueza y amor. Oshun se manifiesta como una mujer hermosa o una sirena. Siempre lleva consigo un espejo para admirar su propia belleza.

- **Origen**

Según las leyendas yoruba, Oldumare, el Dios Supremo, envió a los dioses masculinos con Oshun para crear un mundo en la tierra. Sin embargo, los dioses masculinos la despreciaron a ella y su ayuda. Oshun se cansó de no ser apreciada y decidió marcharse. Se instaló en la luna, donde podía estar sola para admirar su propia belleza. Esperaba que las deidades masculinas le pidieran ayuda pronto. Y no se equivocó; todo en la Tierra empezó a marchitarse, incluidos los animales y las plantas. Oldumare les informó de que la Tierra necesitaba el amor y la belleza de Oshun para sobrevivir. Los dioses le rogaron que volviera, y cuando ella lo hizo, la Tierra volvió a prosperar. Se cree que es hermana o hija de Yemayá; por esta razón, suelen venerarse juntas. En cambio, no funciona igual con Oshun y Oya, ya que ambas mujeres estaban casadas con Shangó.

- **Personalidad**

Oshun no solo es extremadamente bella, sino que también es una poderosa guerrera. Aunque es la más dulce y pequeña de las orishas, es muy fuerte. Ayudó a Ogun a salir de su depresión, y es la única orisha capaz de volar al cielo para hablar con el Dios Supremo. Oshun es muy generosa e increíblemente indulgente, por lo que fue capaz de perdonar rápidamente a las deidades masculinas. Rara vez se enfada, pero puede ser extremadamente peligrosa y difícil de apaciguar cuando lo hace.

- **Colores**

Oshun se asocia con el naranja, el amarillo y el dorado.

- **Comida y ofrendas**

Para la hermosa Oshun, elija artículos femeninos como cepillos, espejos, perfumes o maquillaje. Esta deidad del amor también aprecia las flores. También puede ofrecerle abanicos hechos de madera de sándalo o plumas de pavo real. En cuanto a la comida y la bebida, a Oshun le encanta el té de manzanilla, y su comida favorita son las espinacas con gambas. Si quiere complacerla, use miel, ya que es su ofrenda favorita. Sin embargo, debe probarla primero, o la ofrenda será rechazada. Esto se debe a que una vez alguien intentó matar a Oshun con miel envenenada. También le gustan las verduras y frutas de color naranja y amarillo.

# Olokun

Olokun es la deidad del mar. Proporciona curación, riqueza y fertilidad. El género, la identidad y la función de esta orisha varían según los distintos mitos. Según las leyendas nigerianas, Olokun es la reina del mar. Es muy poderosa y rica, pero no sobrevivió a la trata de esclavos del Pasaje del medio.

- **Origen**

Según otra leyenda, Olokun es mujer y es la madre, el alter ego o la hermana de Yemayá. Como se ha mencionado, Yemayá es la orisha de la superficie del océano, y Olokun es la diosa de las partes más profundas y oscuras del mar. Es la orisha de la vida y la muerte. Se cree que la vida surgió del mar, y que el reino de la muerte está en el fondo del mar. Olokun controla la zona que las almas tienen que cruzar para nacer o regresar al reino de la muerte. Olokun puede aliviar el dolor causado por cualquier tipo de abuso, ya sea físico o mental. Sus habilidades se extienden a la curación de dolores y abusos producidos antes del nacimiento o del habla.

- **Personalidad**

Olokun prefiere estar sola, suele ser silenciosa y melancólica.

- **Colores**

Los colores asociados a Olokun son el beige y el azul.

- **Alimentos y ofrendas**

A esta orisha le gustan las ofrendas relacionadas con el mar, como el agua salada y las conchas marinas.

## Nana Buruku

Nana Buruku es la diosa suprema, la creadora y la bisabuela de todas las deidades yoruba. Es la orisha más respetada y admirada, y representa los pantanos, el barro, la arcilla y las ciénagas. Se recurre a ella para que proporcione hierbas medicinales que curen diversas dolencias. También puede identificar y curar enfermedades que los médicos no pueden entender. Además, Nana Buruku es invocada por las personas que sufren de infertilidad. También protege a los muertos y se manifiesta como una mujer muy anciana.

- **Origen**

Según la leyenda, esta diosa suprema dio a luz al sol (Lisa) y a la luna (Mawu). Después, se retiró y confió el mundo a sus hijos. Se cree que Nana Buruku utilizó la magia para crear a los humanos y el cosmos, y que sus hijos gemelos fueron el primer hombre y la primera mujer.

- **Personalidad**

Nana Buruku es una guerrera muy valiente y una bruja feroz. Su generosidad no tiene límites para la gente que ama. Sin embargo, nunca debe hacerla enfadar, o lo infectará con enfermedades.

- **Colores**

Los colores asociados a esta deidad suprema son el blanco, el negro, el rosa y el azul oscuro.

- **Alimentos y ofrendas**

Para apaciguar a Nana Buruku, use ofrendas con plantas como rosas, flores de pantano, mandrágoras o cualquier otra raíz.

# Abatá

Abatá es la orisha de los pantanos y las ciénagas. Tiene el poder de enriquecer o empobrecer. Controla los lugares en los que se mezclan el agua salada y el agua dulce, como los pantanos. Puede proporcionar equilibrio emocional, salud y paz.

- **Origen**

Según las leyendas yoruba, Abatá es la esposa de Erinle, el orisha de la riqueza. Sin embargo, otras leyendas creen que es su contraparte, y que pueden fusionarse. A diferencia de su marido, no se sabe mucho sobre ella. Esto se debe probablemente a que es la orisha del pantano, y los pantanos se asocian con secretos y tesoros ocultos.

- **Personalidad**

Abatá es muy poderosa y trabajadora. También es famosa por sus amplios conocimientos.

- **Colores**

Los colores asociados con Abatá son los tonos de las semillas de su collar: verde, azul y amarillo. Otros colores asociados a ella son el dorado, el coral y el rosa.

- **Comida y ofrendas**

La comida favorita de Abatá es el ñame asado, las batatas y el pargo. También le gusta la torta, el aceite de almendra, la guayaba dulce y los dulces de almendra. Estará muy contenta si le ofrece vino blanco, ya que es su bebida favorita. También le gustan las frutas y los arreglos florales, los melones y las uvas. Abatá prefiere recibir las ofrendas en su casa, es decir en los pantanos.

# Aja

Aja es considerada una de las orishas más populares. Es la diosa de los bosques y los animales. También es una sanadora que utiliza las plantas medicinales de sus bosques para curar a los enfermos. Aja adora compartir sus conocimientos, por lo que los chamanes acuden a ella para que les enseñe sus conocimientos. Aja no es como otras orishas, se revela a los humanos sin intención de asustarlos o dañarlos, sino de enseñarles a usar hierbas curativas.

- **Origen**

Aja vive en el bosque, donde hace pociones para ayudar a los enfermos. Según las leyendas, es la esposa del dios del mar Oloku y la madre de Yemayá.

- **Personalidad**

Aja es una curandera y una fuerte guerrera a la que no hay que provocar.

- **Colores**

Como es la orisha del bosque, Aja se asocia con el color verde.

# Capítulo 5: Principales orishas masculinos

La religión yoruba, que se originó en África Occidental, alberga un sinfín de deidades y criaturas sobrenaturales, incluyendo seres supremos y los orishas, intermediarios entre la humanidad y lo divino. Anteriormente aprendimos sobre las orishas femeninas; este capítulo trata de sus homólogos masculinos. Los orishas masculinos se comprenden mejor si se examinan las fuerzas naturales con las que están asociados.

## Aganjú

En la mitología yoruba, Aganjú se asocia con los volcanes, las áreas silvestres y los ríos. Se cree que es uno de los orishas más antiguos, y se rumorea que es la tercera deidad que vino a la tierra. Aganjú es considerado un cultivador del crecimiento y la civilización, ambos vinculados a su símbolo, el sol. Como un volcán, Aganjú puede provocar cambios drásticos en las sociedades, ya que es la base sobre la que se construyen.

- **Origen**

Según la historia yoruba, Aganjú fue un rey del imperio de Oyo. Fue el cuarto Alaafín de Oyo (que significa «dueño del palacio» o rey en yoruba) y era muy querido por su pueblo. Antes de ascender al trono, era un guerrero y llevaba consigo a todas partes una espada de doble filo.

- **Personalidad**

Amaba la naturaleza y solía explorarla durante días. Una vez, regresó con un leopardo y lo domesticó. Incluso cuando vivía entre los humanos, Aganjú no era un hombre corriente. Se rumoreaba que tenía poderes espirituales inimaginables y la capacidad de domesticar animales salvajes.

- **Los colores**

Los colores (o, más exactamente, el patrón de semillas) asociados a Aganjú son dos marrones, uno rojo, uno amarillo, uno azul, uno amarillo, uno rojo y dos marrones.

- **Comida y ofrendas**

A Aganjú le gustan las ofrendas de bebidas alcohólicas y alimentos cárnicos.

# Babalú Ayé

Asociado con la enfermedad y la curación, Babalú Ayé es considerado el espíritu de la tierra. En consecuencia, controla todo lo terrenal, incluyendo la salud, la riqueza y cualquier bien físico. Su nombre se traduce aproximadamente como «Padre, señor de la tierra». En creencias yorubas antiguas, se le relacionaba principalmente con la viruela y otras epidemias, mientras que en la modernidad se asocia con el sida, la gripe y otras enfermedades infecciosas. Aunque la mayoría de la gente asocia a Babalú Ayé con la enfermedad, también es el patrón de la curación y es temido y amado a la vez.

- **Origen**

La historia del origen de Babalú Ayé, que proviene del folclore de la antigua mitología yoruba, es comúnmente contada por muchos yorubas. Una vez, Shopona (nombre común de Babalú Ayé en la tradición) asistió a una fiesta de los orishas, donde tropezó y se cayó. Cuando los demás orishas se rieron de él, intentó infligirles la viruela, pero fue detenido y exiliado por su padre.

- **Personalidad**

Aunque muchas creencias yorubas describen a Babalú Ayé como alguien a quien temer, también es un orisha misericordioso y humilde. Se le asocia tanto con la curación como con la enfermedad. Ayuda a las personas con enfermedades terminales a conseguir la paz guiando sus almas hacia el otro lado.

- **Colores**

Los colores sagrados asociados con Babalú Ayé son el azul, el amarillo y el púrpura.

- **Alimentos y ofrendas**

Las ofrendas de alimentos que Babalú Ayé prefiere son los frijoles, las palomitas de maíz, el ron y el tabaco.

## Erinlé

Erinlé, conocido comúnmente como el elefante de la tierra, es la deidad asociada a la curación, la medicina y el consuelo. Erinlé, uno de los orishas más celebrados, es el rey submarino, así como el espíritu de la maleza. Erinlé tiene dos caras, la de espíritu del agua y sanador, y la de cazador del bosque y guerrero.

- **Origen**

Según la tradición yoruba, Erinlé era cazador antes de convertirse en orisha. Se dice que protegió al pueblo de Fulani de los invasores. Vivía en el bosque, en una cabaña que había construido para sí mismo. Algunos mitos afirman que un día se hundió en la tierra cerca de Ilobu, donde condujo por primera vez a Olobu y se convirtió en un río.

- **Personalidad**

Considerado como una de las deidades ricas, se viste con ropas lujosas y hermosas, combinadas con accesorios del mar y del bosque. Como deidad asociada a la tierra, es masculino y poderoso.

- **Los colores**

Al estar asociado con los ríos y el bosque, los colores del patrón Erinlé son el turquesa, el coral y el verde.

# Esu

Esu, pronunciado Eshu, es el orisha embaucador en la tradición yoruba. Siempre tiene trucos y bromas que a menudo pueden ser crueles y perjudiciales. Conocido por hablar todas las lenguas de la tierra, la deidad mensajera, Esu, transmite los mensajes de los dioses a la gente. También se dice que lleva las ofrendas que la gente envía a los diferentes orishas.

- **Origen**

La mitología yoruba cuenta cómo Esu se convirtió en el mensajero. Debido a su afición por las bromas y los trucos, le hizo una al Dios Supremo, en la que le robó el jamón, utilizó sus zapatillas para hacer huellas y trató de convencerlo de que él mismo había robado el jamón. El dios se molestó y le dijo a Esu que visitara la tierra todos los días y le contara los sucesos de la noche.

- **Personalidad**

Esu es una encarnación de la picardía y le encanta causar problemas. Le gusta que lo apacigüen para cumplir con sus deberes de transportar mensajes de un lado a otro. Esta deidad a menudo hace uso de artimañas para dar lecciones.

- **Colores**

Los colores utilizados para identificar al orisha de las travesuras son el rojo y el negro o el blanco y el negro.

## Ibeji

Los Ibeji son dos orishas gemelos sagrados para la tradición yoruba. La palabra Ibeji se traduce aproximadamente como "dos nacidos". Los gemelos se consideran sagrados para el pueblo yoruba. Tienen el mayor índice de nacimientos de gemelos en comparación con el resto del mundo. Los Ibeji se consideran un solo orisha y se dice que tienen un alma en dos cuerpos. Se les asocia con la alegría, la travesura y el regocijo.

- **Origen**

Oshun, la madre de los Ibeji, fue rechazada por la gente cuando dio a luz a los gemelos, ya que estos nacimientos eran inusuales en aquella época. Solo los animales podían dar a luz a múltiples crías idénticas. Por ello, la gente tachó a Oshun de bruja y la rechazó. Oshun se negó a aceptar a los Ibeji como sus propios hijos y los echó de su casa. Más tarde, Oya adoptó a los Ibeji.

- **Personalidad**

Considerado el protector de los niños, el orisha Ibeji siempre se representa como un bebé o un niño pequeño. Aunque se le represente así, Ibeji también es un guerrero en la historia yoruba.

- **Colores**

Normalmente, el rojo, el blanco y a veces el azul se asocian con Ibeji.

- **Comida y ofrendas**

Las ofrendas de alimentos para Ibeji son fríjoles, caña de azúcar, calabaza, ekuru, verduras, aceite de palma roja y pastel.

# Obatalá

Obatalá es conocido por crear el cuerpo humano y el cielo, por lo que también se le llama el padre del cielo. Se rumorea que es el orisha más antiguo y es uno de los dioses blancos de la creatividad. La palabra Obatalá se divide en Oba, que significa rey, y talá, que significa tejido sin teñir. Comúnmente se considera que Obatalá es el padre de todos los orishas y de la humanidad. Se asocia con la sabiduría, la pureza, la paz y la compasión.

- **Origen**

Obatalá bajó a la tierra desde el cielo para moldear los cuerpos de los primeros humanos. Además del Obatalá primordial, su homólogo mortal fue el fundador y rey de Ile-Ife. El orisha Obatalá se originó, por tanto, como una mezcla de ambos.

- **Personalidad**

Obatalá es descrito como un orisha gentil y amante de la paz, asociado con el perdón, la resurrección, la honestidad y los propósitos. También conocido comúnmente como el rey de la tela blanca, se dice que Obatalá es un juez extremadamente tranquilo.

- **Colores**

El color asociado a Obatalá es el blanco, que representa su pureza.

- **Alimentos y ofrendas**

Las ofrendas de alimentos que se hacen a Obatalá son de color blanco para representar la pureza. Entre ellas se encuentran el arroz, el merengue, la manteca de cacao y el coco.

# Oduduwá

Oduduwá es considerado uno de los ancestros de los reyes yoruba. Es más conocido como el orisha de los humanos. Su nombre se traduce aproximadamente como el héroe, el guerrero, el padre y el líder de la raza yoruba. Según la tradición yoruba, Oduduwá era el orisha favorito de Olodumare, y tuvo un papel importante en la historia de la creación.

- **Origen**

Oduduwá fue una de las deidades que participaron en la tarea de desarrollar la corteza terrestre. Después de que Obatalá se emborrachara con vino de palma y no pudiera moldear la tierra, Oduduwá fue enviado a completar su tarea. El punto de la tierra en el que cayó cuando saltó del cielo recibió el nombre de Ile-Ife, que ahora es considerado el corazón de la tierra yoruba.

- **Personalidad**

Oduduwá era un guerrero conquistador asociado con la creación, la salvación y el poder. No tenía forma humana reconocible y se dice que habitaba en las profundidades de la oscuridad. A veces, la tradición yoruba se refiere a él como el rey de los muertos.

- **Colores**

Aunque Oduduwá está asociado con la muerte, sus colores son el blanco y el ópalo.

# Ogún

Ogún, también llamado el orisha del hierro, es conocido como el padre de la civilización en la mitología yoruba. Se dice que es un protector de su pueblo y un líder muy justo. Conocido por su creatividad e inteligencia, inventó las herramientas que los humanos necesitaban para su supervivencia. De lo contrario, la tierra habría seguido siendo un desierto. También se le conoce por su fuerza y sacrificio. Se supone que abrió el camino con sus cuchillos para que sus compañeros orishas vinieran a la tierra.

- **Origen**

La historia del origen de Ogún cuenta cómo acabó siendo el orisha del hierro. Se dice que los orishas y los humanos existieron juntos en la tierra. Ambas especies nivelaban la tierra para tener más espacio en el que vivir. Sin embargo, a medida que la población aumentaba, era cada vez más difícil encontrar tierra y cultivarla. Las herramientas que se utilizaban en ese tiempo eran de madera, piedra o metales blandos. Uno a uno, todos los orishas intentaron limpiar la tierra, pero ninguno de ellos pudo lograrlo. Fue entonces cuando Ogún despejó el camino con sus cuchillos de hierro. Los demás orishas lo nombraron gobernante a cambio de sus conocimientos sobre el hierro, pero más tarde lo prohibieron. Sin embargo, los humanos lo recuerdan y lo veneran hasta el día de hoy.

- **Personalidad**

La personalidad de Ogún tiene dos caras: una protectora, feroz y sanguinaria, y otra creativa, innovadora e inteligente. A veces es el guerrero más furioso de todos los orishas, pero también muestra un lado creativo y tranquilo cuando diseña sus herramientas. Le gusta cazar con sus herramientas artesanales en zonas densamente boscosas.

- **Colores**

Al ser el orisha del hierro y la guerra, los colores asociados a Ogún son el verde, el rojo y el negro, que significan el bosque, el fuego y la guerra.

- **Comida y ofrendas**

Ogún prefiere como ofrendas los sacrificios de bagres y gallos, además de la pimienta de Guinea, el vino de palma, el aceite de palma roja y otros alimentos similares.

## Okó

Okó es la deidad de la agricultura y la fertilidad entre los orishas. Se dice que posee los secretos de la agricultura y la fertilidad de los cultivos. Mantiene la estabilidad de la vida a través de su rotación de cultivos, que proporciona a los humanos la nutrición necesaria para sobrevivir. Okó también es el juez de los orishas y sale en defensa de cualquier mujer cuando surge una discusión.

- **Origen**

Ogún le dio a Okó un artilugio mecánico para que le ayudara con sus cultivos. Su movimiento era producido por dos bueyes, que hoy en día son su símbolo. Fue el primero en construir una granja y cultivar la tierra para alimentar a su familia.

- **Personalidad**

Okó tiene una personalidad cálida y armoniosa. Lo suyo es el crecimiento y el cultivo de la vida. Además, es un consejero de confianza para las mujeres y ayuda a las que son estériles a tener hijos.

- **Colores**

Okó se asocia con los colores azul claro y rosa.

- **Alimentos y ofrendas**

Las ofrendas alimentarias que se hacen a Okó incluyen todo tipo de alimentos para la cosecha, carne seca, frijoles, tubérculos y babosas.

# Osanyin

Osanyin se asocia principalmente con las plantas, la curación y la magia. Es un fuerte mago, muy respetado por sus habilidades. Esta deidad tiene un amplio conocimiento de los fines medicinales de las hierbas, raíces, hojas y plantas. Muchos rituales de fe yorubas involucran las plantas y hierbas de Osanyin.

- **Origen**

Osanyin era un orisha lisiado, al que le faltaba una pierna y un brazo, y estaba ciego de un ojo. Sin embargo, su hermano Orunmila quería que Osanyin se sintiera mejor, así que le pidió que arrancara las malas hierbas de los cultivos temprano en la mañana. Cuando Orunmila regresó a la tarde siguiente, encontró a su hermano llorando en el campo, sin haber arrancado ni una sola mala hierba. Cuando le preguntó por qué lloraba, Osanyin le contestó con las diversas capacidades curativas de las diferentes plantas allí presentes. Su hermano se quedó asombrado del nivel de conocimiento que Osanyin tenía sobre las plantas. Desde entonces, Osanyin ha sido reconocido como la deidad de las plantas, las hierbas y la curación.

- **Personalidad**

Osanyin amaba la naturaleza y le gustaba recopilar conocimientos sobre las distintas plantas y hierbas que encontraba en el bosque. Tiene grandes habilidades curativas y se le considera amable y humilde.

- **Colores**

Los colores asociados a Osanyin son el verde, el amarillo, el negro, el rojo y el blanco.

- **Alimentos y ofrendas**

Las ofrendas de alimentos típicas para Osanyin son carne, frutos secos y chiles, entre otras.

# Osumare

El nombre Osumare se traduce aproximadamente como arcoiris, y es exactamente a lo que está asociado. Osumare, que reside en la parte posterior de las montañas, tiene el deber de llenar el cielo de bellos colores para transmitir mensajes de la tierra al cielo y viceversa. Se le asocia con la unidad y la paz y simboliza el equilibrio entre los humanos y los orishas.

- **Origen**

Cuando se creó la tierra, comenzaron a existir los orishas y las divinidades. Osumare recibió la orden de crear un arco iris en el cielo, indicando que la creación del universo estaba completa. Osumare lleva los mensajes de Oluron, gobernante del cielo, a la tierra.

- **Personalidad**

Osumare controla el cambio, el movimiento y las transiciones. Se ocupa de las transformaciones y los procesos cíclicos. Su personalidad es muy amable y generosa. Ama mucho a los humanos y los colma de bendiciones. También controla la lluvia y la sequía. Se dice que es el protector de los niños y que controla el cordón umbilical, que se considera el vínculo entre nuestro mundo y el de nuestros antepasados.

- **Los colores**

Los colores asociados a Osumare son el blanco y el plateado. El blanco es el color a través del cual se forma el prisma de colores del arco iris.

- **Alimentos y ofrendas**

La comida favorita de Osumare es el maíz blanco hervido con coco. También le gusta el ron.

# Shangó

Shangó es uno de los gobernantes más poderosos del imperio yoruba. Se asocia con el trueno y el relámpago. Considerado uno de los orishas más poderosos y temidos, golpea con un rayo a todo aquel que le ofende.

- **Origen**

Además de la existencia primordial de Shangó, cabe destacar su existencia terrenal. Fue el tercer Alaafín de Oyo y trajo la prosperidad al imperio. Su reinado duró siete años y terminó abruptamente porque su palacio fue destruido por un rayo.

- **Personalidad**

Era un gobernante violento y agresivo, a diferencia de su hermano Ajaka. Sin embargo, esa violencia fue acompañada por un valor encomiable para librar muchas batallas a lo largo de su reinado. Por ello, se le venera con los fuertes golpes del tambor Bata.

- **Colores**

Los colores asociados a Shangó son principalmente el rojo y el blanco. El patrón de las semillas varía en grupos de cuatro y seis, sus números sagrados.

- **Alimentos y ofrendas**

El alimento sagrado asociado a Shangó es el amala, un guiso de okra mezclado con aceite de palma y gambas.

# Capítulo 6: Cómo la adivinación de Ifá ve el futuro

Desde el principio de los tiempos, de una u otra manera, la adivinación ha estado presente en todas las experiencias y prácticas culturales. Esta práctica adopta numerosas formas en todo el mundo. Puede ser diagnóstica, en el sentido de que se utiliza para detectar enfermedades o dolencias; predictiva, lo que implica que se utiliza para determinar acontecimientos futuros; o intervencionista, cuando se utiliza para cambiar el destino. Algunas formas de adivinación que practicaban los profetas de la antigua Grecia implicaban que el practicante experimentara un contacto directo con una entidad sobrenatural. Esto se conoce a menudo como adivinación inspiradora. Otras formas, como las practicadas por los chamanes mongoles, los sacerdotes yorubas y los adivinos africanos con canastos, requieren de una habilidad entrenada.

# Técnicas de adivinación

Muchos creen que se necesita tanto habilidad como inspiración para practicar la adivinación. Los elementos de la naturaleza son los que dan forma a esta práctica. Esto explica por qué se basa en la naturaleza y se puede llevar a cabo utilizando materiales naturales como el agua, las nueces, los huesos y las hojas de té. También es muy común el uso de cartas y otros materiales fabricados por el hombre. Además, existen formas espontáneas de adivinación, que pueden incluir la observación del comportamiento de las aves. Los africanos utilizan muchos tipos diferentes de adivinación, que a menudo no se basan en el uso de objetos. Por ejemplo, los adivinos malienses de Doon dibujan formas parecidas a cajas en el suelo arenoso y luego colocan alimentos, símbolos y palos dentro de ellas. Utilizan palabras para invocar a un zorro que ponga en marcha el proceso y revele las respuestas a las preguntas de sus clientes. Cuando el zorro viene a comer, los objetos de la caja se mueven y el adivino recibe las respuestas leyendo las huellas que deja el animal.

Otras técnicas de adivinación africanas se basan en objetos para llegar al otro reino. Los kuba, de la República Democrática del Congo, utilizan *itombwa* u oráculos de fricción tallados por artistas. Estos oráculos están tallados en forma de elefantes, cocodrilos, cerdos salvajes y, sobre todo, perros. En muy raras ocasiones se utiliza una figura humana horizontal colocada sobre un animal de cuatro patas. Estos oráculos se utilizan como medio de comunicación con los espíritus de la naturaleza para ayudar a diagnosticar las causas y las curas de enfermedades, identificar malhechores y eliminar problemas que puedan suponer una amenaza para la sociedad.

## La popularidad de la adivinación yoruba de Ifá

La adivinación yoruba de Ifá, que se analiza en este capítulo, es una de las técnicas de adivinación más conocidas. Esto es quizás el resultado de la gran cantidad de investigaciones sobre los yorubas, como religión y como pueblo. Este gran interés se debe a la fuerte relación entre los yorubas de África y los de América. Muchos de los elementos presentes en el sistema de creencias yoruba han sobrevivido al paso del tiempo; algunos incluso se han reinventado. Esto se debe a que muchos de los esclavos que fueron enviados al «Nuevo Mundo» eran yorubas de África Occidental. Al ser alejados de su pueblo y de su hogar, los yorubas insistieron en mantener vivas sus tradiciones. Los propietarios de esclavos y los misioneros tomaron medidas extremas para asegurarse de que la cultura africana fuera totalmente erradicada. Sin embargo, a pesar de esos esfuerzos, los yorubas encontraron la manera de mantener vivas sus creencias. Por esta razón, muchos elementos religiosos se mantuvieron y siguen floreciendo en América hoy en día. La conservación de los conceptos yorubas, junto con el renovado interés por las religiones tradicionales africanas, es la razón por la que se puede encontrar un adivino yoruba en cualquiera de las grandes ciudades de Estados Unidos.

La lectura de este capítulo le ayudará a aprender la práctica de la adivinación de Ifá, cómo funciona y cuándo se utiliza. Describiremos qué son los 256 Odu y cómo se utilizan las nueces de palma sagradas y la cadena de adivinación. Finalmente, entenderá qué es un Babalawo y cómo puede convertirse en uno.

## Adivinación de Ifá

Los yoruba tienen varias prácticas de adivinación. Sin embargo, creen que la adivinación de Ifá es la más intrincada y precisa de todas. Esta forma de adivinación está relacionada con el uso de las matemáticas y una sólida estructura de cuentos y poemas orales. Ifá es fundamental para la cultura, la sociedad y la religión yoruba. Se cree que incorpora una fuente vital de cosmología, un sistema de creencias y un amplio conocimiento. El término Ifá hace referencia tanto al dios yoruba de la adivinación, también conocido como Orunmila, como a la propia práctica adivinatoria. La práctica de la adivinación es común en muchos grupos de África Occidental, especialmente en el pueblo Fon de la República de Benín.

El método conocido como el método Ifá de adivinación implica la realización de un ritual completo en el que tienen que interactuar el adivinador, un sacerdote, el cliente y todo el orden cosmológico y social del pueblo yoruba. Solo así se pueden encontrar respuestas útiles a las preguntas formuladas por los clientes. La adivinación Ifá se produce cuando un cliente pide ayuda de los seres sobrenaturales con cuestiones indescifrables. La mayoría de los clientes buscan respuestas relacionadas con viajes, el destino de la nación, el sucesor del rey, matrimonios prometedores o enfermedades. Lo mejor de Ifá es que está abierto a todo el mundo, lo que significa que ningún problema se considera demasiado complejo, difícil, irrelevante o pequeño cuando se le consulta a Ifá. Los yorubas tienen una gran confianza y una profunda creencia en Ifá, que rige su orden moral y su cosmología. Ifá ha sido declarado la deidad fuente de conocimiento de todo lo que existe en el universo. La deidad aparece como un narrador omnisciente y actúa como historiador e intermediario entre el pueblo y los otros dioses. Es la deidad de la sabiduría y el intelecto y el encargado de las relaciones públicas de los yorubas. Además, Ifá asume el papel de sanador todopoderoso. Por ello, es muy respetado y valorado entre los miembros de la sociedad. Cuando el adivino determina y revela la dolencia de un cliente, se lleva a cabo el sacrificio apropiado y se produce la curación.

### Cómo funciona

El proceso de adivinación de Ifá tiene lugar cuando se solicita la consulta de un adivino y este arroja el opele, o la cadena de adivinación, sobre una bandeja de adivinación. El adivino también puede utilizar dieciséis nueces de palma para su resolución. Los resultados del proceso de adivinación se conocen como Signos o *Firma de Ifá*. Esencialmente, el resultado es uno de los 256 signos posibles. La manipulación de las 16 nueces de palma de la cadena de adivinación arroja un doble tetragrama, que es el resultado. El adivinador utiliza su dedo para trazar la *Firma de Ifá*. También debe espolvorear *iyerosun*, un polvo adivinatorio amarillo, sobre la superficie del *Opon Ifá* o bandeja adivinatoria, para que los signos sean más claros. El adivino anuncia los resultados y canta. Se supone que este proceso también invoca la firma de la deidad Ifá, que entrega el mensaje que el adivino debe recitar. El adivino debe aclarar el mensaje a su cliente y asignarle los sacrificios que debe realizar.

### Los 256 Odu

Como se recordará, la religión yoruba se basa en las transcripciones de la literatura oral. Estas escrituras son conocidas como el *Corpus de Ifá* o el *Odu Ifá*. El Odu Ifá es un conjunto de tradiciones espirituales de Ifá, datos históricos, información cultural y sabiduría eterna. Esta mezcla de conocimientos se ha reunido a lo largo de los siglos mediante el uso de la adivinación, las interacciones con el universo y las experiencias y eventos físicos. Los adivinos siguen enriqueciendo sus conocimientos y su trayectoria remitiéndose a esta fuente de sabiduría infinita.

Muchos seguidores se refieren al Odu Ifá como el plano de la vida. Se cree que esta fuente actúa como una guía para la humanidad. Permite a los seres humanos avanzar hacia sus destinos y superar los períodos difíciles de la vida. Una interpretación precisa del Odu Ifá ayuda a responder preguntas y revelar resultados desconocidos.

La tradición oral yoruba sugiere que los 16 Odu eran originalmente 16 profetas divinos. Esas entidades celestiales vinieron a la Tierra y se dieron a conocer al profeta de la religión y la sabiduría de Ifá, Orunmila. Según otra tradición oral, Orula y Odudwa tuvieron 16 hijos juntos, considerados símbolos de los 16 Odu vitales. Estos signos de Odu Ifá son la base de la tradición de Ifá y de ellos provienen los otros 240 signos de Ifá.

El Odu representa la sabiduría y el conocimiento secular sobre la iluminación espiritual, las filosofías morales, la ética, las experiencias vitales, los sacrificios, los rituales, etc. Esta información se presenta en forma de *ese*, que significa verso. Cada Odu contiene información con dos caras: la buena y la mala. Incluye instrucciones para manifestar lo bueno y orientación para frenar o disminuir las fuerzas negativas e intrusivas.

Los 256 Odu Ifá son el conjunto del Corpus de Ifá, y los 16 Odu anteriormente mencionados son sus pilares. La base de la religión de Ifá está compuesta por 256 Odu en total. Un practicante debe realizar un aprendizaje intensivo y riguroso para hacer una lectura precisa. Este proceso puede durar entre quince y treinta años, a veces incluso más. Esto se debe a que los adivinos deben memorizar toda la colección de versos de Ifá.

## Cómo convertirse en un *Babalawo*

Los adivinos yorubas son conocidos como *Babalawo*. Cualquiera que quiera convertirse en un sacerdote de Ifá, o un *Babalawo*, debe estar dispuesto a dedicar su existencia a Ifá y a Olodumare. El término *Babalawo* puede traducirse como «Padre de los misterios o secretos de la Tierra». Convertirse en un *Babalawo* es una búsqueda de toda la vida y solo es adecuado para individuos que deseen someterse a la práctica e incorporarla a su vida no solo como una carrera, sino como una vocación y un estilo de vida.

Hay un procedimiento estándar para hacer una serie de preguntas a un individuo que desea convertirse en un sacerdote de Ifá diseñadas para validar su motivación para hacerlo. Tradicionalmente, quienes quieren aprender sobre Ifá usando la carne reciben abundancia de carne, los que desean hacerlo por dinero obtienen mucho dinero, y quienes desean hacerlo para obtener muchas esposas obtienen muchas esposas. Sin embargo, aquellos que deseen convertirse en sacerdotes de Ifá en busca de la verdad, obtienen todas las riquezas de la vida, incluyendo la carne, el dinero y las esposas. Aunque estas preguntas pueden ser un poco anticuadas, el principio detrás de ellas es que quienes practican la adivinación para buscar la verdad son mejores que aquellos que lo hacen para obtener ganancias o intereses personales.

Hay numerosos procedimientos que deben seguirse en el camino para convertirse en un *Babalawo*. Si no se completan bajo la guía de un sacerdote o maestro, el aprendiz nunca será realmente un *Babalawo*. El primer paso incluye la realización del Ounje Oju Opele, o el ritual de la comida de Opele. Este ritual comprende numerosos pasos que deben seguirse en orden. Después de comer la comida de Opele, el maestro abre los 16 Odu Ifá con el Akaragba, hecho para la calabaza de los sacrificios que hará Esu, el aprendiz, durante cinco días. El Akaragba debe usarse cuando se aprende sobre Ifá y debe guardarse de por vida. Aquellos que aprenden rápido pueden ser expuestos al Odu más rápidamente. Una vez que el aprendiz consigue abrir el Oju Odu Merindinlogun, continúa con el siguiente paso, la adivinación. Luego, aprende a recibir las respuestas «sí» y «no» a las preguntas. En este paso, estudia un Odu que ayuda a la adivinación. Después, aprende a hacer un ibo, caracterizado por los aspectos del bien y del mal. El maestro enseña al aprendiz los elementos de cada uno y las diferencias entre las lecturas masculinas y femeninas. A continuación, el alumno comienza a conocer los Odu Ifá, que debe memorizar. Este proceso puede llevar mucho tiempo, dependiendo de la memoria del aprendiz.

Después de un tiempo, el estudiante aprende a hacer sacrificios y alimentar a todos los orishas. También estudia sobre los elementos de Ifá y el Odu Ifá que lo acompaña, junto con sus facetas negativas y positivas. El estudiante también debe aprender a crear medicinas para una amplia gama de dolencias. Toda esta información debe ser memorizada, ya que no podrá usar notas o libros para guiarse. La iniciación de una persona en Ifá no significa que se haya convertido en un *Babalawo*. Simplemente significa que su viaje de aprendizaje ha comenzado.

Desde el momento en que fuimos creados, siempre hemos utilizado una amplia gama de métodos con la esperanza de dar sentido al mundo que nos rodea. Pensemos en el I Ching de China, en las cartas del tarot de Europa e incluso en las técnicas de adivinación de los incas. La adivinación africana no es diferente de las demás. Utiliza objetos y técnicas azarosas para establecer una conexión con el reino espiritual e identificar las causas y soluciones a los problemas. Los practicantes de la adivinación son asesorados por especialistas y reciben formación para convertirse en maestros. Los clientes visitan a adivinos de otros lugares, porque los adivinos locales pueden utilizar la información que han oído sobre el trabajo o la situación familiar del cliente para conectar los puntos y dar una lectura. En cambio, visitar a un extraño obliga al adivino a confiar únicamente en sus métodos de conexión con el reino espiritual.

# Capítulo 7: Honrar a los ancestros

Los ancestros desempeñan un papel fundamental en el sistema religioso yoruba. Proporcionan un vínculo entre lo que podemos ver y lo invisible. Este capítulo analiza el significado de los ancestros y los pasos para honrarlos. También proporciona instrucciones para crear un altar para los ancestros.

# El significado de los ancestros

Puede hablar con sus ancestros y pedirles guía y ayuda cuando lo necesite. Dado que los ancestros fueron alguna vez humanos en la Tierra, comprenden mejor nuestras necesidades, deseos y anhelos. Sin embargo, se trata de una relación de doble vía: tiene que honrar la vida de sus ancestros si quiere obtener la ayuda que necesita. Como cualquier otra religión en cualquier otra parte del mundo, se conmemora a los ancestros por sus luchas, sus triunfos y el trabajo que hacen por los vivos. Beben lo que nosotros bebemos, comen lo que nosotros comemos, hacen lo que nosotros hacemos y van donde nosotros vamos. Por tanto, debemos honrar a nuestros ancestros y apreciar su presencia en nuestras vidas.

# Construir un santuario para los ancestros

En la religión yoruba, se cree que todo el mundo tiene la posibilidad y la obligación de comunicarse con sus antepasados a diario. No necesita ningún conocimiento o habilidad especial para comunicarse con un ancestro. Hablar con los ancestros es un gesto sencillo en el que se recuerda a los difuntos a la hora de tomar decisiones importantes en la vida. La sabiduría que recibimos del folclore o la tradición oral de nuestros padres es suficiente para ayudarnos a hablar con los antepasados.

El método más común para comunicarse con los ancestros es a través de los sueños. Participar en festivales y otras ceremonias ancestrales que honran la existencia de los antepasados en nuestras vidas es la forma de obtener la información que se busca. Al honrar a sus ancestros, debe tener un santuario, y hay diferentes métodos yorubas para construir uno. Debe construir un santuario si quiere acceder al linaje de sus mayores. Consulte a los antepasados para que lo guíen cuando reúna los elementos necesarios. Las modificaciones y otros elementos pueden venir más tarde, una vez que su santuario esté en pie.

Cuando complete su santuario, podrá comunicarse directamente con sus antepasados mediante actividades como la adivinación, las visiones y otros estados de conciencia mental. Debe construir un haz de nueve ramas que deberá atar con un paño rojo. Un sacerdote con conocimientos de los ritos yoruba debe identificar el árbol del que puede recoger las ramitas. Colocará este haz de ramitas en su santuario, y es aquí donde presentará sus ofrendas, incluyendo comida, bebida y animales.

# Crear un altar

Como alternativa a un santuario, también puede construir un altar para realizar sus rituales para honrar a sus ancestros. Busque un espacio que pueda utilizar para rezar y meditar en su casa o en el exterior. Debe colocar los objetos adecuados en el altar y mantenerlo limpio. Se cree que la suciedad atrae los hechizos malignos y la energía negativa. Puede utilizar humo para limpiar su altar. Es habitual en la tradición yoruba recoger hierbas aromáticas y colocarlas en una vasija de arcilla. Encienda las hierbas para crear humo y asegúrese de que llega a todas las habitaciones si su altar está dentro de la casa.

A medida que el humo se difunde en cada habitación de la casa, rece una oración pidiendo a los ancestros que eliminen la energía negativa de su hogar. El recipiente que elija para este propósito en particular debe reservarse solo para el trabajo ritual y debe estar guardado en su altar. Puede decir la siguiente oración para apaciguar a los ancestros y que eliminen los elementos negativos.

«*Rindo homenaje a los espíritus de los ancestros.*

*Soy (diga su nombre) hijo de (mencione su linaje).*

*Rindo homenaje al espíritu de las hojas.*

*Aleja el espíritu de la muerte.*

*Aleja la enfermedad.*

*Aleja las habladurías*».

Rece esta oración directamente a las hojas. Cuando termine, respire sobre las hojas y diga la palabra con la que se cierra la oración. Esta palabra también indica que la invocación ha terminado. Mantenga sus pensamientos centrados en la intención de limpieza. Es crucial que su altar esté en un entorno neutral para que pueda invitar a los ancestros. La energía emocional puede quedarse en un espacio, por lo que debe limpiar periódicamente el lugar para deshacerse de ella.

Para limpiar el altar debe seguir el mismo procedimiento que usa para limpiar su cuerpo. El humo debe soplarse en una sola dirección. Después de realizar la limpieza, séllela con hierbas y agua. Hay diferentes tipos de hierbas que se pueden utilizar para atrapar la energía positiva. El agua clara puede mezclarse con *efun* o *cascaria*. El *efun* es una sustancia blanca hecha de conchas marinas fosilizadas. Puede añadir al agua colonia u otro tipo de fragancia especial. Lo ideal es una fragancia que use periódicamente. Poner en el agua algunos fluidos de su cuerpo, como la saliva o la orina, es un acto para añadir su presencia al sello. Esto será una declaración al reino de los espíritus que determinará la invitación a sus ancestros para entrar.

Puede utilizar una oración tradicional de Ifá para aumentar el poder del agua. Adicionalmente, necesita recitar una oración de refuerzo para incluir cualquier otra cosa que desee. La siguiente oración es una invitación ancestral.

«*Rindo homenaje al espíritu del agua*

*Soy tu hijo*

*Tráeme*

*La fortuna de la paz*

*La fortuna de un hogar estable*

*La buena fortuna de mis hijos*

*La suerte de la abundancia*

*La buena fortuna de una larga vida*

*La buena fortuna de un santuario de los ancestros*

*La buena fortuna de la bendición traída por mi ser superior desde el reino de los ancestros*».

Rece esta oración al agua. Cuando termine, rocíe el agua en todos los lugares que el humo ha limpiado. Cuando esté trabajando en el espacio sagrado, debe mantener su mente concentrada en todo lo que haga. Es vital dar la bienvenida a los ancestros al altar como parte del homenaje.

También debe excluir a los antepasados que hayan mostrado un comportamiento violento o adictivo. La presencia de tales ancestros en su altar puede introducir esas influencias, que serán una maldición para su familia. Tiene que identificar los problemas que no quiere en su santuario. Una vez que identifique los espíritus que son bienvenidos, puede empezar a comunicarse con ellos y a honrarlos directamente. A medida que desarrolle sus habilidades de comunicación con los espíritus, podrá construir su altar para los ancestros. Esto debería hacerse después de la ceremonia de limpieza.

Un altar es un lugar donde recordamos a los difuntos que se han unido al mundo espiritual. Es un lugar donde consideramos la sabiduría de nuestro linaje y determinamos cómo nos informará y guiará a través de los diferentes problemas que encontramos. Su construcción debe ser sencilla, evitando las cosas complicadas. Cuando utilice una caja, asegúrese de cubrirla con un paño blanco y colocar un vaso de agua y una vela encima. Estos son los elementos básicos creados por los seres humanos que representan la tierra, el fuego, el aire y el agua.

Puede utilizar las paredes detrás del altar para exponer las imágenes de sus familiares. Ver fotos de sus venerados ancestros le recordará cómo resolvieron diferentes asuntos durante su vida. Recordar también es una buena práctica, ya que inspira y resuelve las dificultades que podemos encontrar. Las imágenes de los antepasados nos recuerdan constantemente sus contribuciones y la forma en la que siguen guiándonos.

Todos tenemos orígenes diversos y tenemos diferentes influencias espirituales. La mayoría de la gente entra en contacto con estas influencias a través de la lectura de diferentes libros como la Biblia, el Corán, el I Ching o el Sutra budista. Usted debe combinar estas influencias espirituales con Ifá para comprender las diferentes visiones del mundo.

Debe encender su vela en el altar y ponerse delante de él para honrar a sus ancestros. También debe mostrar compromiso con el altar que utiliza para sus oraciones y meditaciones diarias. Debe desarrollar una disciplina con respecto a la forma en que utiliza su altar.

Por ejemplo, puede comprometerse a utilizar su espacio sagrado al menos un día a la semana. No se comprometa con algo que no pueda cumplir, ya que esto puede causar desconfianza entre sus ancestros.

Cuando se pone de acuerdo con sus antepasados sobre cómo va a ser su comunicación, establece una conexión espiritual con ellos. Elementos como las telas, las fuentes de agua, las velas y las imágenes atraen a los espíritus al altar. Las oraciones que diga frente a su altar serán la base de la conexión entre usted y sus antepasados.

Debe acudir siempre a su altar sagrado, independientemente de su situación, para reforzar el flujo de las corrientes. No debe acordarse del altar solo cuando pase por momentos difíciles; eso puede debilitar la fuerza de sus oraciones. Debe cargarse con regularidad, por lo que debe dedicar tiempo a recordar a sus familiares fallecidos diariamente. También debe imaginar cómo sus ancestros pueden ayudarle a resolver los diferentes retos que enfrente.

# Ofrendas para los ancestros

Otra buena forma de honrar a sus ancestros es ofrendar comida al altar. En yoruba, este tipo de ofrenda se llama *adimu egun*. El propósito de las ofrendas es crear una reciprocidad en la que pedimos a los ancestros; les pedimos que nos guíen y les damos algo a cambio. Los antepasados comen y beben lo mismo que nosotros, por lo que ofrecerles elementos similares es una buena forma de honrarlos. Las ofrendas de comida no significan necesariamente que sus ancestros tengan hambre, sino que es un gesto para demostrar que los recuerda.

En la tradición yoruba, debe presentar una pequeña porción de comida para honrar a sus antepasados. También puede poner un plato delante de su altar de Egun para presentar su ofrenda. El plato es un símbolo del cuerpo que se entierra cuando el espíritu se eleva al otro mundo. La ofrenda de comida es tradicional, y se suele acompañar por bebidas.

Las bebidas alcohólicas tradicionales se utilizan a menudo en las tradiciones africanas como parte de la honra. También puede colocar una taza de café o té en el altar para acompañar la ofrenda de comida en el plato.

Puede utilizar flores como ofrendas directas a los ancestros colocándolas en el altar. Algunas personas también utilizan puros para honrar a sus antepasados. El humo se utiliza para limpiar el lugar. Una vez que establezca un vínculo de comunicación con los ancestros, ellos le dirán las ofrendas que quieren. Intente seguir sus instrucciones para obtener su guía. Exprese su gratitud y dé las gracias a los ancestros cuando termine de presentar su ofrenda.

Debe alimentar a sus antepasados con regularidad para honrarlos por todo lo que hacen por usted. Esto ayuda a mantenerlos cerca de su altar. En África, la mayoría de la gente hace ofrendas de comida antes de comer ellos mismos. Cuando vive en un país extranjero, debe hacer al menos una ofrenda semanal. Si mantiene un calendario, no necesitará alimentar a sus ancestros todos los días.

Cuando no esté iniciado, su santuario de ancestros le proporcionará un sistema alternativo para la adivinación. Estas prácticas de adivinación se basan en Odu Ifá. La adivinación se dirige a un espíritu en particular, que trae mensajes de diferentes fuentes. Sin embargo, las invocaciones para la adivinación se dirigen a un orisha o Egun específico.

Los ancestros forman parte integral de nuestras vidas, ya que están siempre presentes en todo lo que hacemos. Comen y beben lo mismo que nosotros. Los ancestros nos proporcionan sabiduría y orientación en diferentes situaciones. Sin embargo, para conseguir lo que queremos de ellos, tenemos que honrarlos y expresar nuestra gratitud por su buen trabajo. Hemos hablado de diferentes métodos para honrar a los ancestros. Se necesita un santuario para realizar cualquier ritual dirigido a ellos, y este lugar sagrado debe estar decorado con los elementos adecuados. Y lo que es más importante, hay ciertas oraciones que debe recitar cuando presente una ofrenda a sus antepasados. Cierre cada sesión con palabras apropiadas para agradecer.

# Capítulo 8: Calendario de culto yoruba y días sagrados

El pueblo yoruba, que tiene su propio idioma, también tiene su calendario y sus días sagrados. El calendario yoruba se llama *KOJODÁ*, que significa «que el día sea claramente previsto». Su año comienza el 3 de junio del calendario gregoriano y termina el 2 de junio siguiente. El año 2022 d. C. es el 10.064º año yoruba.

El calendario yoruba tiene doce meses en su año, como el calendario georgiano, pero ahí terminan las similitudes. Hay más semanas en el calendario yoruba, 91 semanas, pero con menos días, solo cuatro a la semana. Sin embargo, este calendario no duró mucho y lo han modificado para que corresponda con el calendario georgiano. Ahora hay cuatro semanas al mes y cada semana tiene siete días. Utilizan este calendario para los negocios, mientras que la versión antigua está dedicada a los orishas.

## Los días del calendario yoruba

Los cuatro días del calendario tradicional yoruba están dedicados a diferentes orishas:

- **El día 1** está dedicado al orisha Obatalá (el padre del cielo) Sopona (dios de la viruela), Iyami Aje (que significa respeto) y Egungun (mascarada yoruba).

- **El día 2** está dedicado a Orunmila (el orisha del conocimiento y la sabiduría), Esu (dios embaucador) y Osun (el orisha de la sabiduría).
- **El día 3** está dedicado a Ogún, el orisha del hierro y el metal; y a Oshoshi, el orisha de la caza.
- **El día 4** está dedicado a Shangó, el orisha del rayo; y a Oya, su esposa, orisha del clima.

Los siete días de la versión actualizada que se concilia con el calendario gregoriano son:

| Días en español | Días yoruba |
| --- | --- |
| Domingo | *Ojó-Àikú*, el día de la inmortalidad. |
| Lunes | *Ojó-Ajé*, el día de la empresa económica. |
| Martes | *Ojó-Iṣégun*, el día de la victoria. |
| Miércoles | *Ojó-rú*, el día de la confusión y la perturbación. |
| Jueves | *Ojó-Bò*, el día de la llegada. |
| Viernes | *Ojó-Ẹtì*, el día del aplazamiento y el retraso. |
| Sábado | *Ojó-Àbáméta*, el día de las tres sugerencias. |

## Los meses del calendario yoruba

### Junio

El primer mes del calendario yoruba es *Òkùdú*, que es junio en el calendario gregoriano. El tercer día de *Òkùdú* es el año nuevo yoruba, que se celebra de la misma manera que en el resto del mundo, con música, cantos y bailes. Hay varios orishas que se celebran y veneran durante este mes.

- **Oshosi**, el orisha de la caza, se celebra el 6 de junio.
- **Eleguá**, el orisha de los caminos, se celebra el 13 de junio.
- **Osun**, el guardián de Orunmila y el orisha de la sabiduría, se celebra el 24 de junio.
- **Oggún,** el orisha del hierro, se celebra el 29 de junio.

## Julio

El segundo mes del calendario yoruba es *Agẹmọ*. Hay tres orishas que se celebran en *Agẹmọ*.

- **Aggayú Solá**, el orisha de los volcanes, se celebra el 25 de julio.
- **Oke,** el orisha de las montañas, se celebra el 25 de julio.
- **Nana Buruku**, la Diosa Suprema, se celebra el 26 de julio.

## Agosto

El tercer mes lleva el nombre del orisha del hierro, Ogun. Hay dos festivales que suelen celebrarse en este mes: el *Osun-Osogbo* y el Shangó.

El festival *Osun-Osogbo* tiene lugar cada año en el estado de Osun, en Nigeria. El festival celebra a Osun, el orisha del río, y dura dos semanas. Desde 2005, las celebraciones tienen lugar en un bosque sagrado que lleva el mismo nombre que el festival. Los habitantes de la ciudad de Osogbo consideran que el mes de agosto es el momento de reunirse con la cultura de sus ancestros, limpiar su ciudad y celebrar.

En esta ciudad se realizan varias actividades interesantes, como el *Iwo Popo*, que es una limpieza tradicional de la ciudad. Otra actividad es el encendido de una lámpara de 16 puntas de 500 años de antigüedad, llamada *Ina Oloju Merindinlogun*, que dura tres días encendida. La última actividad es la *Ibroriade*, donde se recogen las coronas de los anteriores reyes de la ciudad. Cuatro personas dirigen esta fiesta: el rey de Osogbo en ejercicio, un grupo de sacerdotisas, el *Yeye Osun* y la *Arugba*, que es una mujer virgen elegida. Este festival atrae a gente de todo el mundo, entre turistas y adoradores de Osun.

Ahora vamos a hablar del festival de Shangó, que se celebra cada año en el palacio del gobernante de Oyo. Este lugar honra al dios del trueno y del hierro, Shangó. Según las leyendas, Shangó fue quien fundó los límites del estado de Oyo. El festival dura una semana y miles de personas de todo el mundo acuden a disfrutar de las celebraciones. Se considera un acontecimiento turístico y cultural reconocido por la UNESCO. También se celebra en otros países.

En 2013, el gobierno de Oyo cambió el nombre del festival de Shangó por el de Festival Mundial de Shangó.

### Septiembre

Este mes se denomina *Owęwę* en el calendario yoruba. Hay cuatro orishas que se celebran y veneran durante este mes.

- **Yemayá**, orisha de la superficie del océano, se celebra el 7 de septiembre.
- **Oshun,** orisha del río, se celebra el 8 de septiembre.
- **Obatalá**, creador de los seres humanos y padre del cielo, se celebra el 24 de septiembre.
- **Ibeyis**, el orisha protector de los gemelos, se celebra el 26 de septiembre.

Uno de los festivales de septiembre es el de *Olojo*. Se celebra en la ciudad de Ife, en Osun, y se festeja a Ogun, el orisha del hierro. El pueblo yoruba considera que Ife es su ciudad de origen. Según las leyendas yorubas, Ogun es Oduduwa, el creador, el primer hijo. El pueblo yoruba cree que desciende de Oduduwa. La palabra *Olojo* significa «dueño del día», y se cree que este día ha sido bendecido por el creador. El rey de Ife, el *Ooni*, se recluye durante algunos días antes de aparecer en público en este día especial llevando la corona de *Are*, que es la corona del rey.

El día de la fiesta, el rey visita varios santuarios en los que reza para que Nigeria y las tierras yorubas vivan en paz. Esta fiesta celebra la unificación del pueblo yoruba, por lo que se tiene en muy alta estima.

Otro festival que se celebra en septiembre es el de *Igogo*. Esta fiesta se celebra en Owo, una antigua ciudad del estado de Ondo. Hace tiempo, el gobernante de Owo era Olowo Rerengejen; se casó con Orosen, una diosa que se convirtió en reina y a la que se honra cada año en el festival de *Igogo*.

El festival de *Igogo* se celebra durante 17 días. Las celebraciones son bastante singulares e interesantes. Como se honra a una diosa y a una reina, el rey de Owo y sus altos jefes se visten con ropas de mujer, como batas. La gente también celebra los nuevos tubérculos durante este festival, que conmemora la cultura y la vida. También marca el comienzo y el final de la temporada agrícola.

### Octubre

Octubre se llama *Òwàrà* en la cultura yoruba. Hay tres orishas que se celebran y veneran durante este mes.

- **Orula**, la protectora de la adivinación, se celebra el 4 de octubre.
- **Oya,** la dueña del arco iris, se celebra el 15 de octubre.
- **Inle**, el dios de la salud, se celebra el 24 de octubre.

### Noviembre

Este mes se llama *Bélú*. No hay ninguna celebración o festival yoruba que tenga lugar en noviembre.

### Diciembre

Diciembre se llama *Òpẹ*. En este mes se celebran y veneran dos orishas.

- **Shangó**, el orisha de la iluminación, se celebra el 4 de diciembre.
- **Babalú Ayé**, el orisha de la curación, se celebra el 17 de diciembre.

### Enero

El primer mes del calendario gregoriano se llama *Ṣẹrẹ* en lengua yoruba. Hay dos orishas que se celebran durante este mes.

- **Eleguá,** el orisha de los caminos, se celebra el 6 de enero.
- **Osain,** el orisha de la naturaleza, se celebra el 17 de enero.

### Febrero

Este mes se llama *Èrèlè* en el calendario yoruba, y sólo hay un orisha que se celebra durante este mes.

- **Oya**, el orisha del tiempo, se celebra el 2 de febrero.

El festival *Eyo* es el único que se celebra en febrero y es uno de los más populares de la cultura yoruba. Tiene lugar todos los años en el estado de Lagos. Durante las celebraciones, bailarines disfrazados llamados *Eyo* salen a actuar. *Eyo* significa las máscaras altas, y un hecho interesante de esta celebración es que solo se permite la participación de personas altas. Hay ciertas reglas en este festival; por ejemplo, no se puede llevar ningún tipo de calzado y está prohibido un peinado popular yoruba conocido como *Suku*. Sin embargo, el festival tuvo un origen muy diferente; se celebraba para despedir a un rey de Lagos que se iba y dar la bienvenida a uno nuevo.

Ya no hay tantos seguidores de la religión yoruba como antes, porque muchos seguidores se han convertido al cristianismo o al islam. Sin embargo, el festival *Eyo* es más popular que nunca y se considera una gran atracción turística. Una de las razones que explican la popularidad de

*Eyo* son los bailarines disfrazados que atraen a turistas de todo el mundo. No es de extrañar que el gobierno de Lagos tenga este festival en muy alta estima. Como atrae a turistas de todo el mundo, ayuda a impulsar la economía del estado y las pequeñas empresas también se benefician mucho de él.

### Marzo

El mes de marzo se llama *Ẹrẹ̀nà* en lengua yoruba. Durante este mes no hay celebraciones de los orishas ni festivales yorubas.

### Abril

Abril se llama el *Ìgbé*, y sólo un orisha es venerado en este mes.

- **Yewa,** el orisha de la virginidad, se celebra el 27 de abril.

En abril solo se celebra un festival: el *Lagos Black Heritage Festival*. Es uno de los mayores y más importantes festivales, y tiene lugar en el estado de Lagos. Se trata de un colorido festival folclórico anual.

La cultura africana tiene una historia muy rica, y no se puede negar que el pueblo africano está muy orgulloso de su herencia. Esto es evidente en las celebraciones que tienen lugar en el *Lagos Black Heritage Festival*. Es un día en el que el pueblo nigeriano muestra con orgullo al mundo su cultura. Realizan diferentes eventos y actividades de entretenimiento para mostrar su patrimonio al mundo. Bailan, tocan música, actúan, exponen fotos y realizan otras actividades festivas. Además, las tropas de la isla de Lagos se visten con hermosos trajes y pasean por la ciudad. No es de extrañar que se considere una de las mayores celebraciones yoruba.

### Mayo

El último mes del calendario yoruba es *Ẹ̀bì*. En mayo se celebran dos orishas.

- **Oko**, el orisha de la agricultura se celebra el 15 de mayo.
- **Oba**, el orisha de los ríos, se celebra el 22 de mayo.

El pueblo yoruba celebra la fiesta de *Oro* en mayo. A diferencia de otros festivales que se celebran en una ciudad o estado, este festival tiene lugar en todos los pueblos yorubas de Nigeria. Es un festival anual con una regla muy singular: solo algunas personas pueden participar en los festejos; deben ser hombres o niños, y sus padres deben ser nativos. ¿Qué hace el resto de los habitantes del pueblo durante la fiesta? Según las normas, todas las mujeres y los no nativos deben permanecer en sus casas.

Esta antigua regla considera tabú que cualquier persona que no sea el varón paterno nativo vea *Oro*. Dado que esta fiesta se celebra en diferentes pueblos, cada uno tiene sus propias tradiciones. Además de ser un festival anual, también se celebra cuando fallece un rey yoruba.

El último festival del que hablaremos en este capítulo es el de *Ojude Oba*, que no se celebra en un mes concreto. Tiene lugar tres días después del *Eid Al Kabir*, también conocido como *Eid Al Adha*, una fiesta musulmana que honra la voluntad de Ibrahim de sacrificar a su hijo Ismael.

El *Ojude Oba* es otro festival anual que se celebra en Ijebu Ode, en el estado de Ogun. Hay varias actividades que tienen lugar durante este festival, y su propósito es mostrar su historia con varios eventos de entretenimiento basados en sus leyendas y diversidad. Uno de los actos más importantes que tienen lugar durante este festival es la muestra de lealtad al rey. En cualquier lugar del país en el que residan nativos de la ciudad, deben desplazarse hasta el rey para mostrar su respeto. Esta fiesta es muy popular, ya que cada año acuden a ella miles de personas de todo el país. Además de estos festivales, los nigerianos también celebran fiestas tradicionales como la Navidad, el Año Nuevo, la Pascua y dos de las fiestas musulmanas más populares, *Eid El Fitr* y *Eid El Adha*.

La cultura yoruba es rica en su lengua, religión y leyendas; sus fiestas son igual de coloridas y reflejan su magia. El pueblo yoruba sigue aferrado a sus antiguas tradiciones, que muestra con orgullo durante estos festivales. Además de que las celebraciones son interesantes y tienen una historia fascinante, son un gran atractivo turístico e impulsan la economía del país. Mientras que las costumbres y tradiciones se han convertido en algo del pasado en muchas culturas, es refrescante ver cómo el pueblo yoruba mantiene las suyas vivas y celebra cada año a sus dioses, orishas, historia y patrimonio. Es completamente comprensible por qué el resto del mundo sigue sintiendo curiosidad y fascinación por la cultura yoruba.

# Capítulo 9: Hechizos, rituales y baños yorubas

Como el título lo indica, este capítulo contiene varios hechizos, rituales y baños yorubas adecuados para los practicantes principiantes. Pueden ofrecerle protección, guía, prosperidad y mucho más. No solo eso, sino que la mayoría de ellos también pueden ser modificados de acuerdo con las necesidades y preferencias individuales de cada persona o para invocar a un orisha diferente si es necesario. Siéntase libre de usarlos como están explicados o de añadir su toque personal para ajustarlos a sus propias creencias.

# Ritual de velas de siete días para Obatalá

Invocar a Obatalá puede ser útil cuando necesita eliminar la negatividad de su vida o comunicar sus sentimientos negativos al mundo exterior. El uso de una vela blanca de siete días le asegurará alcanzar la pureza en la mente y el cuerpo. La adición de otros alimentos blancos apaciguará a Obatalá para que le preste el ashé que necesita para cumplir sus objetivos.

**Necesitará:**
- Un trozo de hilo de algodón blanco
- Cascarilla - fresca o seca
- Ñame
- Virutas de coco
- Leche
- Arroz
- Una vela blanca de siete días
- Una representación de Obatalá

**Instrucciones:**
1. Organice su altar o espacio sagrado quitando todo lo que no vaya a usar en el ritual.
2. Coloque la vela blanca y un símbolo que represente a Obatalá en el altar.
3. Prepare la comida blanca -arroz, leche, coco, ñame- en cuencos separados y colóquelos también en el altar.
4. Si está usando cascarilla entera, ate la planta en un manojo con un trozo de hilo de algodón blanco.
5. Si usa hojas secas picadas, espárzalas alrededor de la vela y ate el hilo alrededor de la parte inferior de la vela.
6. Cuando esté preparado, encienda la vela, cierre los ojos y prepárese para invocar a Obatalá.

Luego, recite el siguiente conjuro:

*«Oh, gran Obatalá, por favor préstame tu poder,*

*Envíame paciencia y conocimiento.*

*Que sea fuerte y sabio,*

*Para que pueda perseguir mis pasiones.*

*Ayúdame a ser justo y bondadoso*
*Para tratar a los demás con gran integridad».*

Aunque tradicionalmente la vela se dejaba encendida durante siete días y noches, no se recomienda hacerlo, principalmente por motivos de seguridad. Incluso si tuviera una forma de mantener la vela a salvo en todo momento, el hechizo solo funciona si mantiene la mente concentrada en él. Por lo tanto, en lugar de preocuparse por la posibilidad de quemar su casa (lo que desviará sus pensamientos del hechizo), opte por quemar la vela durante períodos regulares de tiempo durante siete días seguidos. Siempre que tenga un poco de tiempo durante el día, enciéndala y recite el hechizo. Cuando haya terminado, apáguela y siga con su día. Cuando pueda, vuelva a encenderla hasta que se consuma. Por otro lado, se supone que la comida debe servirse cruda, pero Obatalá también aceptará su ofrenda si prepara un plato con alimentos totalmente blancos.

## Ritual de fertilidad

Este ritual tradicional yoruba ha sido utilizado por mujeres jóvenes que desean concebir un hijo. Aparte de esto, Oshun puede concederle fertilidad en muchos otros aspectos de la vida, como el arte, el trabajo e incluso el cultivo de relaciones. Los colores y las semillas de la calabaza simbolizan el poder de la fertilidad de la naturaleza.

**Necesitará:**
- 1 calabaza
- 1 vela amarilla
- 1 lápiz
- 1 bolsa de papel marrón
- Una representación de la diosa

**Instrucciones:**
1. Coloque la vela amarilla frente a la representación de Oshun en su altar y enciéndala.
2. Cierre los ojos y concéntrese en sus deseos. Decirlos en voz alta ayuda.
3. Abra los ojos y talle una abertura redonda en la parte superior de la calabaza.
4. Escriba con el lápiz sus deseos en un trozo de la bolsa de papel.

5. Coloque el trozo de papel dentro de la calabaza y vierta encima la cera de la vela.
6. Después de asegurarse de que la calabaza está sellada con la cera, colóquela sobre su estómago, repitiendo sus deseos.
7. Cuando sienta que sus deseos han sido escuchados, lleve la calabaza a la fuente de agua más cercana y ofrézcala a Oshun.

Puede dejar la vela encendida durante un breve tiempo una vez completado el ritual, pero si la deja desatendida, es mejor apagarla. Puede volver a encenderla cuando quiera durante los siguientes cinco días.

## Una ofrenda de prosperidad

Hay varios orishas asociados con la prosperidad. Puede invocar a aquel cuyo ashé necesite más según el aspecto de la vida en el que quiera prosperar. Por ejemplo, Oshun puede otorgarle riqueza espiritual, mientras que Olokun le proporcionará prosperidad material.

**Necesitará:**
- 5 naranjas
- 1 vela amarilla
- 1 plato blanco
- Canela
- Miel
- Una representación del orisha invocado

**Instrucciones:**
1. Coloque la vela amarilla frente a la representación del orisha en su altar y enciéndala.
2. Diga su deseo en voz alta para asegurarse de que el orisha pueda escucharlo.
3. Coloque las naranjas en un plato blanco y rocíelas con miel.
4. Espolvoree un poco de canela sobre las naranjas.
5. Deje las naranjas con la canela y la miel frente al orisha y junto a la vela durante cinco días.
6. Cuando pasen los cinco días, puede tirar o guardar la vela y deshacerse de la ofrenda.

Como en el ritual anterior, la vela no debe estar continuamente encendida durante cinco días. No dude en apagarla cuando la deje y vuelva a encenderla cuando pueda supervisarla. Asegúrese de utilizar naranjas frescas que puedan permanecer a temperatura ambiente hasta que se complete el ritual.

## Una ofrenda para Olokun

Las ofrendas a Olokun suelen realizarse en las celebraciones tradicionales de la cosecha. Sin embargo, pueden realizarse en cualquier otra fecha ocasional a lo largo del año con distintos fines. Independientemente de la fecha, lo mejor es realizar la ofrenda al aire libre para que Olokun sea testigo del uso simbólico de los objetos y sepa que la necesita. Puede incorporar esta ofrenda a su práctica habitual y será bendecido con la protección y guía de Olokun.

**Necesitará:**
- Una representación de Olokun
- Un pañuelo blanco
- Polvo de incienso de Yemayá
- Carbón vegetal
- Conchas de cauri
- Fruta, granos, carne y otras ofrendas de su elección

**Instrucciones:**
1. Extienda el pañuelo blanco en su altar y coloque encima la representación de Olokun.
2. Ponga el carbón en un pequeño cuenco y vierta un poco de incienso en polvo sobre él.
3. Encienda el incienso, coloque las conchas en una cesta y haga la ofrenda.
4. Encienda la vela y recite la siguiente oración:

    «*Alabo a la reina de las vastas aguas.*

    *Alabo a la reina de las aguas más allá del entendimiento.*

    *Oh, reina del océano, te honraré mientras haya agua en la Tierra.*

    *Que haya calma en las aguas, para que traigan paz a mi alma.*

    *Respeto a la antigua gobernante del reino del agua. Ashé, ashé*».

5. Relaje su mente concentrándose en la llama de la vela o cerrando los ojos y meditando durante un par de minutos.

6. Trabaje en la manifestación de sus deseos hasta que el incienso se consuma, entonces agradezca a Olokun la bendición que le concede.

El polvo de Yemayá puede ser sustituido por un polvo de incienso de su elección. Su cesta de conchas puede contener diferentes tipos, como conchas marinas, para evocar a la reina del agua. Si ofrece carne, utilice solo una parte de un animal que haya preparado para comer, ya que no se recomiendan los sacrificios de animales vivos.

## Baño ritual de amor

Aunque Oshun es la orisha femenina típicamente asociada con el amor, otras pueden ayudarle a hacer realidad sus deseos en asuntos del corazón. La vela blanca hará que vea con claridad, para que no se le escape la persona que desea. El uso de su perfume favorito permitirá que se produzca la atracción inicial.

**Necesitará:**
- 5 girasoles
- 1 vela blanca
- 1 cuenco
- Una representación de la diosa
- Miel
- Canela
- Su perfume favorito

**Instrucciones:**
1. Coloque la vela blanca frente a la orisha en su altar y enciéndala.
2. Cuéntele a la orisha su deseo de encontrar el amor, preferiblemente en voz alta.
3. Retire los pétalos del girasol y colóquelos en un cuenco.
4. Rocíe los pétalos con miel, espolvoréelos con canela y añádales unos chorritos de su perfume favorito.
5. Vierta un poco de agua sobre los ingredientes del bol.
6. Dúchese o báñese y vierta el contenido del cuenco sobre su cuerpo. Empiece por el cuello y avance hacia los pies.
7. Cierre los ojos y repita sus deseos una vez más.

Una vez más, debe encender la vela y supervisarla durante periodos más o menos largos de tiempo durante cinco días consecutivos. Sin embargo, el ritual del baño en sí solo debe repetirse una vez cada dos o tres semanas para dar tiempo suficiente para que el amor llegue a su vida.

## Baño amargo

Este baño pretende reconocer que, aunque las experiencias de su vida actual sean amargas, pueden ser superadas. Sumergirse en un baño amargo le permite reconocer la negatividad que le rodea y cambiar las cosas para que funcionen a su favor. Las hierbas amargas ayudan a ver que usted no es el único con experiencias negativas. Las siete gotas de amoníaco representan las siete fuerzas malignas en la cultura yoruba.

**Necesitará:**
- Un par de velas de té
- Flores con pétalos rojos o morados
- Hierbas amargas frescas o secas, como milenrama, ortiga, marrubio, diente de león y ajenjo
- Media taza de vinagre blanco, rojo o de sidra de manzana
- Siete gotas de amoníaco
- Una taza vacía

**Instrucciones:**
1. Alrededor del atardecer, llene su bañera con agua caliente. Asegúrese de ajustar la temperatura a sus preferencias habituales.
2. Mientras la bañera se llena, coloque las velas de té alrededor del borde y enciéndalas.
3. Cuando la bañera se haya llenado hasta el nivel deseado, apague todas las luces eléctricas del baño.
4. Eche todos los ingredientes en el agua y entre en la bañera entre dos velas colocadas una frente a otra.
5. Sumérjase en el agua, inhale el aroma amargo de las hierbas y concéntrese en los aspectos de su vida que quisiera cambiar.
6. También puede rezar a los orishas que le sirven de guías y pedir ayuda para resolver sus problemas.
7. Ocasionalmente, debe sumergirse por completo en el agua. El objetivo es pasar un total de siete minutos con la cabeza bajo el agua durante el transcurso del baño.

8. Una vez que sienta que el agua ha empezado a enfriarse, salga de la bañera por el mismo hueco entre las velas por el que ha entrado.
9. Empiece a escurrir el agua y, antes de que desaparezca, recoja un poco en la taza junto con los demás ingredientes.
10. No se seque con la toalla a menos que sea absolutamente necesario. En su lugar, deje que su piel se seque de forma natural para que el efecto de las hierbas pueda impregnarla.
11. Una vez seco, use ropa oscura y saque la taza con el agua del baño al exterior.
12. Póngase de pie mirando hacia el oeste, y mantenga la taza sobre su cabeza mientras dice:

    «*Dios Supremo que lo sabe y lo ve todo, he dado a los orishas lo que merecen. Ahora declaro que su dominio sobre mí es fuerte. Así como arrojo esta agua donde se necesita, así saco todos mis problemas de mi cabeza y de mi vida. ¡Ashé, ashé!*».
13. Tire el agua de la taza, vuelva a entrar en casa y pase un rato recuperando fuerzas.
14. Asegúrese de beber mucha agua a temperatura ambiente para reponer los líquidos que ha perdido durante el baño con el agua caliente.

Este baño debe tomarse una vez a la semana, y es incluso más fácil de incorporar a su práctica habitual de belleza y cuidado de la salud que el anterior. Una vez más, si quiere evitar que se obstruya el desagüe al tomar el baño, coloque las hierbas en bolsas de té o de organza. Después del baño, puede dedicar el tiempo a su régimen normal de cuidado de la salud, aplicando manteca de *karité* u otros hidratantes naturales, escribiendo un diario o meditando. También puede añadir oraciones de agradecimiento a los orishas o a una deidad de su elección. Para maximizar los efectos terapéuticos del ritual y garantizar un sueño reparador, evite ver televisión o utilizar otros dispositivos electrónicos después del baño.

## Baño dulce

Mientras que el baño ácido permite liberar el cuerpo de toxinas y energía negativa al atardecer, el dulce tiene el propósito de purificar y energizar al amanecer. Los ingredientes como la leche, los huevos y la miel nutrirán su cuerpo y revitalizarán su mente en cualquier momento que sienta la necesidad de un poco de cariño.

**Necesitará:**
- Un par de velas de té
- Flores con pétalos totalmente blancos, como lirios, rosas, margaritas o crisantemos blancos
- Cinco hierbas curativas diferentes, frescas o secas, como ruda, pimienta de Jamaica, consuelda, angélica e hisopo
- Un pequeño frasco o tarro de miel
- 3 tazas de leche
- Canela en polvo
- Nuez moscada en polvo y nuez moscada entera
- 1 huevo crudo
- Su perfume favorito
- Una taza vacía
- Manteca de cacao o de *karité* - opcional

**Instrucciones:**
1. Alrededor del amanecer, llene su bañera con agua caliente. Asegúrese de ajustar la temperatura a sus preferencias habituales.
2. Mientras la bañera se llena, coloque las velas de té alrededor del borde y enciéndalas.
3. Cuando la bañera se haya llenado hasta el nivel deseado, apague todas las luces eléctricas del baño.
4. Rompa el huevo y métalo en el agua. No se preocupe si se cocina un poco.
5. Eche las flores, las hierbas, la canela y la nuez moscada, y siga con la leche y la miel.
6. Por último, añada unas gotas de su colonia favorita al agua, y luego introdúzcase por el hueco entre las dos velas, tal y como se indicó en el ritual anterior.
7. Sumergiéndose en el agua e inhalando el dulce aroma de los ingredientes, concéntrese en las cosas buenas de su vida. Piense en las buenas experiencias que le esperan ese día y abrásese a ellas.
8. También puede expresar su gratitud a los orishas por las bendiciones que pueda recibir ese día.

9. Asegúrese de sumergirse completamente varias veces durante su baño.
10. Una vez que sienta que el agua ha comenzado a enfriarse, salga de la bañera por el mismo hueco entre las velas por el que ha entrado.
11. Comience a escurrir el agua, pero antes de que desaparezca, recoja parte de ella en la taza junto con los demás ingredientes.
12. No se seque con la toalla a no ser que sea absolutamente necesario. Deje que su piel se seque de forma natural para que el efecto de las hierbas pueda impregnarla.
13. Una vez seco, use ropa de color claro y saque la taza con el agua del baño al exterior.
14. Póngase de pie mirando al este y mantenga la taza sobre su cabeza mientras dice:

    «*Dios Supremo que todo lo sabe y todo lo ve, acojo con los brazos abiertos todas las cosas bellas de la vida que me esperan en mi viaje. Mientras arrojo esta agua donde se necesita, ¡que sirva de invitación a Oshun para que me bendiga con salud, amor, prosperidad y felicidad. ¡Ashé, ashé!*».
15. Tire el agua, vuelva a entrar y prepárese para recibir las bendiciones que ha invocado.

Este baño debe tomarse una vez a la semana, al igual que el anterior, incorporado a su práctica habitual de belleza y cuidado de la salud. Una vez más, si quiere evitar que se obstruya el desagüe al tomar el baño, coloque las hierbas en bolsas de té o de organza. Aunque no tenga tiempo para meditar, viajar o realizar cualquier otra rutina de autocuidado antes de salir a la calle, es bueno evitar el uso de la tecnología y las situaciones estresantes justo después de su baño.

# Capítulo 10: Cómo influyó la cultura yoruba en la santería y otras

La religión yoruba ha tenido un impacto significativo en la diáspora africana del nuevo mundo, y ha dado lugar a la aparición de sistemas de creencias en países como Cuba (Santería, Lucumí, Palo) y Brasil (Umbanda, Candomblé). También conecta con otras culturas menos conocidas de países como Haití (Vudú) y Nueva Orleans (Voodoo/Voudou). Este capítulo explica cómo la religión yoruba ha influido en estas religiones de la diáspora africana. También ofrece detalles sobre las similitudes y diferencias entre la religión yoruba y las demás religiones.

## Santería

La santería fue llevada a Cuba por personas procedentes de los países yorubas de África Occidental. Estos individuos fueron esclavizados en el siglo XIX, pero consiguieron preservar su religión contra viento y marea. La Santería es un nombre español que significa «El camino de los santos» y también se conoce como La Regla de Ocha, que significa «La orden de los orishas». La religión Lucumí se refiere a «El Odu de Lucumí», que es el nombre más popular asociado a las tradiciones religiosas de origen africano y que posteriormente se desarrollaron en Cuba y se extendieron por América Latina y Estados Unidos.

La santería se ocupa principalmente de desarrollar relaciones a través de la adivinación, la iniciación, el sacrificio y la mediumnidad entre los practicantes y las deidades orishas. El papel principal de las deidades es proporcionar sabiduría, éxito, guía y protección a los practicantes en tiempos difíciles. Un sacerdote entrenado en el oráculo de Ifá interpreta y proporciona respuestas a las preguntas formuladas por los devotos. Se presentan ofrendas durante los intercambios ceremoniales. Esta práctica se ha extendido en Cuba y otros países latinoamericanos.

Cuba es uno de los países que recibió el mayor número de esclavos originarios de diversos grupos africanos. Durante la trata de esclavos, más de 700.000 personas fueron llevadas desde África Occidental hacia Cuba. Debido a la gran cantidad de africanos, la religión yoruba siguió prosperando incluso cuando se abolió la trata de esclavos. Las deidades de origen yoruba de Nigeria, Benín y Togo se llaman Oricha u orishas en español. En Cuba y Haití, las deidades de África Occidental se emparejaron con santos católicos romanos, y la práctica religiosa se conoce como santería, en referencia al «camino de los santos».

Muchas personas están en contra de esta palabra, ya que socava su religión y el legado que heredaron de sus antepasados. Otros, dentro de la tradición afro-caribeña, se refieren a ella como La Regla de Lukumi o «la orden de Lukumi». Lukumi significa «mi amigo», y proviene del saludo yoruba.

Tras el estallido de la revolución cubana en el siglo XX, más de un millón de cubanos emigraron a diferentes ciudades de Estados Unidos. La mayoría de las personas con raíces yorubas se trasladaron a Miami y Nueva York, y posteriormente extendieron su religión a estos lugares. La religión también se extendió a otras culturas como la latina, la afroamericana e incluso la blanca. Muchas personas consultan a los orishas en los Estados Unidos.

Los inmigrantes cubanos llevaron Ocha a EE. UU., caracterizándose por la venta de hierbas, artículos religiosos, velas e imágenes de la tradición. Aunque no existe una infraestructura pública visible, se cree que entre 250.000 y un millón de personas practican esta religión traída por las diásporas desde sus lugares de origen.

La tradición de los orishas ha recibido reconocimiento en distintas partes de Estados Unidos. Por ejemplo, en 1993, el Tribunal Supremo de EE. UU. permitió a los devotos de los orishas realizar sacrificios de animales como parte de sus ritos en el caso de la Iglesia del Lukumi Babalu Ayé contra la ciudad de Hialeah. La tradición de los orishas también se representa a través de la música, la pintura, el arte, la literatura y la escultura. Es probable que siga creciendo hasta convertirse en una religión de renombre en todo el mundo.

## Candomblé

El candomblé, como otras religiones afrocaribeñas, fue llevado a Brasil por esclavos africanos entre 1549 y 1888. Cuando surgió en Brasil, presentaba las características de culturas africanas como la yoruba y otras tradiciones bantúes y fon. A pesar de haber sido criminalizada por algunos gobiernos y prohibida por la Iglesia católica, la religión prosperó durante cuatro siglos. En la actualidad, es una religión consolidada con seguidores de diversas clases sociales y cuenta con varios templos.

Cerca de dos millones de brasileños practican la religión candomblé. Elementos como los rituales, las deidades y las fiestas del candomblé se reconocen como parte del folclore brasileño. El nombre candomblé se refiere a una danza destinada a honrar a los dioses. La música y la danza acompañan muchas ceremonias y rituales. La mayoría de estas tradiciones se transmiten oralmente. El candomblé es practicado por más de dos millones de personas en diferentes países del mundo.

La tradición del candomblé rinde culto a las mismas deidades que la religión yoruba, y también hace hincapié en que solo existe un Creador Supremo conocido como Oludumaré. Los intermediarios entre el Oludumaré y las personas se conocen como orixas. También hay quienes funcionan como espíritus y sirven a Oludumaré. Se cree que todos los individuos provienen de los orixas y representan ciertos alimentos, colores y otros elementos de la naturaleza. En Brasil, los espíritus que no se consideran deidades se llaman «Baba Egum». Cuando los devotos realizan un ritual, un sacerdote se viste como el ancestro al que quieren invocar. Las mujeres deben formar parte de todas las ceremonias, ya que realizan danzas a lo largo de las mismas.

Los servicios sagrados se realizan en un templo, y algunas personas practican los rituales en lugares sagrados de sus casas. Muchos se vieron obligados a convertirse al catolicismo una vez embarcados desde África Occidental. Esto condujo a la protección de la religión candomblé, que tiene raíces en el yoruba. El candomblé fue condenado posteriormente, ya que entraba en conflicto con la religión católica.

## Umbanda

La umbanda es una religión nacida en el sur de Brasil, que combina la cultura brasileña con las tradiciones africanas, el espiritismo y el catolicismo. El contacto con varias religiones, como la yoruba y la católica, llevó a la formación de una nueva religión sincrética.

La consolidación de la religión umbanda fue bastante lenta en el siglo XIX, y posteriormente fue reconocida oficialmente en Río de Janeiro durante el siglo XX. Fue fundada por Zélio Fernandino de Moraes, que era vidente. Fue influenciado principalmente por las enseñanzas espiritistas, que lo llevaron a crear la religión umbanda. Según la doctrina del espiritismo, las almas de todos los seres vivos son inmortales. Los espíritus de los muertos ayudan a los vivos con los problemas mundanos. La Umbanda se hizo más popular en Brasil alrededor de la década de 1930. Este sistema religioso adquirió elementos estructurales de otras religiones como la yoruba y el catolicismo.

Hay varias creencias dominantes, aunque no hay uniformidad en lo que respecta a la religión umbanda. El culto suele realizarse en templos de patio, ahí mismo se reunían los fieles en los inicios. La deidad suprema de la religión umbanda es Zambi u Olorun. Los orichas son los dioses divinos que reflejan una conexión entre Zambi y los humanos. Cada oricha representa cosas diferentes, como la justicia, el amor o la protección.

## Vudú

El vudú (o vodoun) es una religión con raíces en las tradiciones africanas que se remontan a unos 6.000 años. Los esclavos transportados a la fuerza desde África llevaron estas prácticas a Haití y otras islas de las Antillas. El nacimiento del vudú fue el resultado de una mezcla de diferentes culturas como las religiones africanas y los principios católicos, especialmente en Haití. Un gran número de africanos fueron transportados a la isla como esclavos, y su gran número les ayudó a mantener su religión.

Al igual que la cosmología yoruba, los orígenes de Vudú también hablan de un Dios Supremo, conocido como Bondye. Los creyentes de este dios están convencidos de que es creador del universo y el responsable de supervisar la vida humana. Algunos intermediarios actúan entre este dios y los creyentes. Pueden ser ancestros o *Iwa*, que equivalen a los orishas. Los *Iwa* pueden dividirse en dos categorías según la religión africana:

- **Rada Iwa** - Son espíritus benévolos, sabios y serviciales dotados de perfumes y caramelos, que tienen su origen en Nigeria.
- **Petwa Iwa** - Estos espíritus son malévolos y agresivos, están dotados de ron, pólvora y petardos. Tienen su origen en el

Congo.

Como el vudú combina diversos rasgos étnicos y tradiciones religiosas, los *Iwa* también se correspondieron con santos católicos produciendo las siguientes asociaciones:

- **Damballa/San Patricio** - Se percibe como la figura del abuelo y también se asocia con las serpientes.
- **Ogou/San Jorge** - Una deidad guerrera que presidía la política, la guerra y el fuego.
- **Barón Samedi** - *Iwa* de los muertos, la resurrección y el sexo. Es conocido por el libertinaje y la obscenidad.
- **Papa Legba/San Pedro** - Conocido por ser engañoso y persuasivo.
- **Erzulie Dantor** - Conocida como la madre de todos los haitianos y protectora de los niños.

## La religión vudú y la revolución haitiana

Entre 1791 y 1804, los africanos esclavizados empezaron a desafiar a los propietarios blancos de las plantaciones de Haití. Los esclavos se estaban reorganizando, y lo que ocurrió fue lo siguiente:

- Había unos 250 000 esclavos de África en la colonia.
- Solo 25 000 colonos blancos gobernaban a los esclavos.
- Boukman y Mandal, dos importantes esclavos sacerdotes del vudú, se convirtieron en el rostro de la primera revolución.
- El vudú no se registraba en los textos, por lo que los amos no podían saber lo que se planeaba. La religión se utilizaba como conciencia de grupo.
- Se realizaban ceremonias de vudú, como sacrificios, y se creía que la religión los preparaba para la victoria posterior.
- Los franceses fueron derrocados en 1804, permitiendo que Haití se convirtiera en la primera colonia gobernada por esclavos.
- Haití se aisló económicamente para evitar más revueltas y el clero católico huyó, reapareciendo solo alrededor de 1896, lo que permitió el sincretismo entre el vudú y el catolicismo sin controversia.
- El regreso del catolicismo a Haití provocó la persecución de los seguidores del vudú. Se creía que utilizaban la superstición y

otros rituales satánicos como el canibalismo. Todas las persecuciones se llevaron a cabo en el marco de la Campaña Antisuperstición de 1896.

- Aunque la persecución cesó posteriormente, el vudú se sigue considerando como un signo de atraso en otras partes del mundo.

## Rituales y prácticas del vudú

Los rituales del vudú se realizan en un templo, también conocido como *ounfo*. La gente dibuja vetas en las paredes, que se relacionan con un *Iwa* particular.

- Cuando los rituales están en marcha, un *Iwa* posee a otros devotos. El *Iwa* debe ser del sexo opuesto.
- Los trances pueden durar varias horas, y la persona afectada no recuerda nada después de salir del trance.
- Los practicantes del vudú se llaman *vodouisants*, y los sacerdotes son conocidos como *mambos* y *oungans*. Ayudan a la gente mediante la adivinación en diferentes problemas.
- La cultura vudú se asocia con percepciones negativas como la reanimación de los muertos en *zombies*. Sin embargo, esto no se ha demostrado en ninguna parte.

Tras la revolución haitiana, muchos refugiados de la colonia emigraron a los Estados Unidos de América para buscar una nueva vida. Al hacerlo, llevaron sus tradiciones culturales y religiosas. El vudú y otras religiones americanas se mezclaron, y por esto la cultura vudú se practica en diferentes zonas de Estados Unidos, como Nueva Orleans. El aumento del número de refugiados negros que viajaron a Estados Unidos en el siglo XIX hizo que aumentara el sistema de creencias vudú en Luisiana y otros estados del sur.

El afro-caribeño y el vudú incluyen ahora otros componentes del cristianismo y la religión americana. Los pastores cristianos de Nueva Orleans incluyen algunas tradiciones del vudú en sus sermones, ya que esta religión se está haciendo popular. Los líderes de este credo, también conocidos como reyes y reinas del vudú, tenían fama de figuras políticas.

Un ejemplo es el del Dr. John, conocido como Bayou John, que sigue siendo un famoso rey vudú de Nueva Orleans. Tras nacer en Senegal, John Bayaou fue llevado a Cuba como esclavo. Se instaló en Nueva

Orleans y fue un miembro activo de la comunidad vudú. Su popularidad creció, ya que era respetado por la curación y la adivinación. Otra figura popular es Marie Laveau, que se convirtió en una leyenda de la cultura vudú en Nueva Orleans. El Dr. John fue su mentor. Ayudó a muchos esclavos y asistía a misa con regularidad, ya que era una católica dedicada. El vudú sigue evolucionando en Estados Unidos, ya que muchas personas de origen africano siguen creyendo y practicando su cultura.

La religión yoruba ha dado lugar a la aparición de diferentes sistemas de creencias, como en Cuba (Santería, Lucumí, Palo) y Brasil (Umbanda, Candomblé). También está relacionada con otras religiones menos conocidas como el Vudú en Haití y en Nueva Orleans. Hemos hablado de cómo la religión yoruba ha influido en varias religiones de la diáspora africana. El yoruba es reconocido como una religión importante en muchas partes del mundo.

# Bono de deidades supremas: Guía de ofrendas para los orishas

Si usted es nuevo en el mundo yoruba, lo más probable es que le resulte difícil recordar todos los orishas y diferenciarlos. Afortunadamente, puede acudir a esta guía de ofrendas cada vez que necesite una recapitulación de los diferentes orishas, sus símbolos y las ofrendas apropiadas para cada uno.

## Deidades supremas

| Orisha | Símbolos y funciones | Ofrendas apropiadas |
|---|---|---|
| **Olodumare** | El creador supremo. | Olodumare es adorado a través de los otros orishas, por lo que no tiene santuario ni imagen, no se le hacen sacrificios ni ofrendas directamente. |
| | No está ligado a un género determinado. | No se involucra con los humanos, al menos no directamente, por eso no se le rinde culto. |

| Orisha | Símbolos y funciones | Ofrendas apropiadas |
|---|---|---|
| | Creó el concepto de delegar. | Algunas personas, en especial los sacerdotes adoran a Olodumare directamente. |
| | Creó a los orishas, que son espíritus intermediarios o deidades. | Los sacerdotes le hacen ofrendas y le rezan; sin embargo, se sabe poco sobre este tema. |
| | Cada orisha tiene un papel determinado y domina un área específica de la vida. | |
| | El creador supremo es omnipotente. | |
| | No se involucra directamente en los asuntos mundanos y deja que los demás orishas se encarguen de ellos. | |
| Olorun | El gobernante de los cielos. | Como Olorun es una manifestación de Olodumare, tampoco se venera directamente. |
| | Es una manifestación del Creador Supremo, Olodumare. | Es distante y no se involucra en la vida humana. |

| Orisha | Símbolos y funciones | Ofrendas apropiadas |
|---|---|---|
| | | Olorun no tiene santuarios y no acepta sacrificios ni ofrendas. |
| | | Si desea honrarlo, puede enviarle oraciones. |
| Olofi | Olofi es otra manifestación de Olodumare. | No se puede adorar directamente a ni enviarle ofrendas. |
| | Se le considera el conducto entre el cielo y la Tierra, u Orún y Ayé, respectivamente. | |
| Nana Buluku | La Deidad Suprema femenina. | Mandrágoras |
| | Antepasada de las raíces. | Rosas |
| | Es un espíritu severo: la bruja del viejo pantano. | Plantas de pantano. |
| | No puede entrar, ya que es demasiado volátil. | Otras plantas rastreras. |
| | Es la madre de Mawu, el espíritu de la luna; y de Lisa, el espíritu del sol. | |

| Orisha | Símbolos y funciones | Ofrendas apropiadas |
|---|---|---|
| | También es la madre de todo el universo. | |
| | Gobierna el pantano primitivo del que se cree que emerge. | |
| | Asociaciones: desfiles, pantanos, arcilla y humor. | |
| | Es una herbolaria divina. Patrona de las plantas medicinales. | |
| | Tiene poderes mágicos medicinales que utiliza para curar a los enfermos. Cura enfermedades que los profesionales de la medicina no pueden identificar, localizar o curar. | |
| | Cuando se enfada, puede provocar enfermedades, especialmente las de abdomen hinchado. | |
| | Símbolos: báculos hechos de hojas de palma y decorados con conchas de cauri. | |

| Orisha | Símbolos y funciones | Ofrendas apropiadas |
|---|---|---|
| | Árboles: madera de sándalo africano. | |
| | Piedra: turmalina. | |
| | Colores: negro, rosa, azul oscuro y blanco. | |
| | Números sagrados: 7 y 9. | |

Olodumare y sus manifestaciones no se veneran directamente porque son muy abstractos. Se dice que los humanos no pueden comprender el significado de Olodumare como entidad, ya que es el ser espiritual más complejo que existe. Según la religión yoruba, Olodumare, Olorun y Olofi son seres demasiado inmensos para que la mente humana pueda comprenderlos. Por eso es mejor dividir a la deidad suprema en múltiples entidades que ejerzan su dominio sobre aspectos concretos de la vida.

## Orishas femeninos

| Orisha | Símbolos y funciones | Ofrendas apropiadas |
|---|---|---|
| Aja | Conocida como el viento salvaje. | Deidad yoruba menor, por lo que no hay mucha información sobre cómo honrarla o qué ofrendas hacerle. |
| | Es la orisha de los curanderos, del bosque y de los animales. | Sin embargo, creemos que educar a otros y compartir el conocimiento es una |

| Orisha | Símbolos y funciones | Ofrendas apropiadas |
|---|---|---|
| | Ella misma era una curandera. Mezclaba las raíces y las hierbas de múltiples plantas para curar a los enfermos. | buena manera de honrarla. |
| | Le gustaba compartir sus conocimientos con las personas que querían aprender. | |
| | Se cree que era una chamana en formación. | |
| | Se dice que quienes recibían su educación, volvían como *Babalawos*. | |
| | Es una de las deidades más raras de la Tierra, quizá por eso se sabe tan poco de ella. | |
| | Se la considera una de las primeras doctoras de Ocha. | |
| | Utiliza el arpa, que domina, para transmitir sus mensajes. | |
| Aje | Orisha del comercio, el dinero y la riqueza. | Es una deidad menor, por lo que se sabe poco sobre sus ofrendas preferidas. |

| Orisha | Símbolos y funciones | Ofrendas apropiadas |
|---|---|---|
| | Se manifiesta en forma masculina y femenina. | No hay un elemento material específico que pueda ofrecerle. |
| | Símbolos: concha de cauri de tigre. | Puede vivir según estos tres principios en su honor:<br>1. Comparta todo lo que tiene.<br>2. No hable de su riqueza ni la exhiba.<br>3. No utilice hierbas ni se meta con la herbolaria sin tener suficientes conocimientos sobre ella. También debe obtener autorización divina. |
| | Asociaciones: favores, bendiciones y protección. | Puede recitar poemas sobre ella. |
| | Dominio: riqueza y estabilidad financiera. | |
| | Color: blanco. | |
| Ayao | Orisha del torbellino. | Es una deidad menor, por lo que no hay mucha información sobre lo que se le debe ofrecer. Sin embargo, puede organizar |
| | Asociaciones: conocimiento mágico y brujería. | |

| Orisha | Símbolos y funciones | Ofrendas apropiadas |
|---|---|---|
| | Patrona de la botánica y del conocimiento místico, que adoptó al estar estrechamente relacionada con Osain, el orisha de las plantas. | un banquete en su honor. |
| | Símbolo: ballesta. | |
| | Colores: verde y marrón. | |
| | Número sagrado: 9. | |
| | Vive en las nubes del cielo, en el ojo del tornado y en el bosque. | |
| **Egungun-Oya** | Orisha de la adivinación. | Se le puede ofrecer comida y regalos, también para los muertos. |
| | Asociaciones: muerte, fantasmas, destino, verdad, adivinación y previsión. | Cuelgue fotos de sus seres queridos fallecidos y encienda una vela. |
| | Madre de los muertos. | Vigile la llama. Si se apaga rápidamente sin su intervención, probablemente está ansiando más de lo que puede manejar. Si arde de |

| Orisha | Símbolos y funciones | Ofrendas apropiadas |
|---|---|---|
| | | forma constante y brillante, la longevidad y la salud están llegando para usted. Las llamas azules de tamaño medio sugieren que está en compañía de espíritus y que vivirá una vida promedio. |
| | Señora de los destinos espirituales. | Para librarse de los espíritus indeseados, acerque la vela a cualquier fuente de luz (como una ventana) y pida a la deidad que guíe a los fantasmas fuera de su casa. |
| | Gobernante del destino. | |
| | Símbolos: el fuego y la danza. | |
| | Puede protegerlo de los espíritus. | |
| Mawu | Continuadora de la creación. | No está muy claro qué puede ofrecer a esta orisha. |
| | Creadora secundaria e hija de Nana Buluku. | Sin embargo, mucha gente recita afirmaciones positivas en honor a ella. |
| | Asociaciones: sol, luna, creatividad, pasión, ley universal, nacimiento, inspiración y abundancia. | Puede recitar frases sobre la felicidad, el amor, la curación, la fuerza, la alegría y el |

| Orisha | Símbolos y funciones | Ofrendas apropiadas |
|---|---|---|
| | Símbolos: la luna y la arcilla. | empoderamiento. |
| **Oba** | Espíritu del río. | Velas. |
| | Asociaciones: amor, esposas fieles, mujeres abandonadas. | Flores. |
| | Símbolos: El machete, el búfalo de agua, el rayo, el matamoscas. | Vino. |
| | Elemento: agua. | Agua de lago. |
| | Colores: blanco, rosa y rojo. | Agua de estanque. |
| | | Evite ofrecerle agua de lluvia o de manantial. |
| | | Puedes cocinarle frijoles. |
| **Olókun** | Orisha del mar. | Agua salada. |
| | Espíritu de la vida y de la muerte. | Conchas marinas. |
| | Dominio: fertilidad, abundancia, prosperidad, salud y curación. | Otros elementos marinos. |

| Orisha | Símbolos y funciones | Ofrendas apropiadas |
|---|---|---|
| | Asociaciones: riqueza, agua y salud. | |
| | Elemento: agua. | |
| | Colores: verde coral, azul oscuro y rojo. | |
| | Número sagrado: 7. | |
| **Oshun** | Espíritu del agua dulce. | Espejos, maquillaje, perfume, cepillos y todo lo relacionado con la belleza femenina. |
| | Dominio: miel, amor, agua, leche materna y dinero. | Abanicos de plumas de pavo real. |
| | Número sagrado: 5. | Abanicos de sándalo amarillo. |
| | Asociaciones: amor, belleza, riqueza, romance, magia y abundancia. | Flores. |
| | Símbolo: una olla con agua de río. | Té de manzanilla. |
| | Colores: todos los tonos de amarillo, naranja y dorado. | Espinacas con gambas. |

| Orisha | Símbolos y funciones | Ofrendas apropiadas |
|---|---|---|
|  | Plantas: caléndula, lantana, ahuyama, calabazas y romero. | Miel: asegúrese de abrir el tarro y probar la miel antes de ofrecérsela. Alguien ya intentó envenenar a Oshun con miel. Rechazará su ofrenda si no la prueba primero. |
|  | Joyas: coral y ámbar. | Frutas anaranjadas y amarillas. |
|  |  | Verduras anaranjadas y amarillas. |
| Oya | Orisha del viento, las tormentas violentas y la iluminación. | Ciruelas moradas. |
|  | Guardiana de las puertas de la muerte. | Carambola. |
|  | No representa la muerte, representa el aire. | Uvas negras. |
|  | Es una maestra del disfraz, especialmente como búfalo. | Uvas moradas. |
|  | Asociaciones: renacimiento y muerte. | Frijoles de ojo negro. |
|  | Símbolos: rayo, relámpago, búfalo, viento, | Nueve berenjenas - también se puede cortar |

| Orisha | Símbolos y funciones | Ofrendas apropiadas |
|---|---|---|
| | tornado y fuego. | una berenjena en nueve trozos. |
| | Colores: granate. | Las comidas que contienen berenjenas, suelen servirse con sopa de nueve granos y arroz. |
| | Número sagrado: 9. | Vino tinto. |
| | Metal: cobre. | Las ofrendas pueden presentarse en el altar de casa o en las puertas del cementerio. |
| | Árbol: Sándalo africano y *akoko*. | |
| | Plantas: ciprés, alcanfor, caléndula, flamboyán y mimosa. | |
| **Yemoja** | Reina del mar. Madre de la mayoría de los orishas. Dominio: problemas de reproducción y fertilidad, protección contra la violencia doméstica, viajes por mar. Asociaciones: mujeres y niños, benevolencia, generosidad. Símbolos: conchas marinas y otros elementos marinos. Colores: blanco y azul. | Joyas. Perfumes. Jabón perfumado. Debe ser nuevo y sin envolver. Flores, especialmente rosas blancas. Granadas, sandías y otras frutas jugosas y con semillas. Chicharrones de cerdo. Chips de plátano. Chips de banano. Bizcochos. |

| Orisha | Símbolos y funciones | Ofrendas apropiadas |
|---|---|---|
| | Número sagrado: 7. Plantas: jacinto de agua, algas y añil. Cristales y minerales: coral, cristales de cuarzo y perlas. | Pastel de coco. Melaza, sobre todo. Criaturas marinas. |

## Orishas masculinos

| Orisha | Símbolos y funciones | Ofrendas apropiadas |
|---|---|---|
| Aganjú | Espíritu de las fuerzas de la Tierra, especialmente de las poderosas y violentas. | Nueve galletas y aceite de palma roja. |
| | Orisha de los volcanes. | Nueve frutas. |
| | Asociaciones: transporte y viajes. Su disgusto se asocia con aneurismas, accidentes de tráfico, accidentes cerebrovasculares repentinos e hipertensión arterial. | Nueve plátanos servidos con aceite de palma roja. |
| | Color: rojo. | Nueve pañuelos. |
| | Números sagrados: 9 y 16. | Nueve bolsitas de seda. |
| | | Los pañuelos y las bolsitas de seda deben estar dobladas en |

| Orisha | Símbolos y funciones | Ofrendas apropiadas |
|---|---|---|
| | | cuadrados. Cada uno debe ser de un color sólido diferente. |
| Babalú Ayé | Padre de la Tierra. | Maíz asado. |
| | El espíritu de la viruela y de la enfermedad: protege contra la enfermedad que representa. | Palomitas de maíz. |
| | Representa la dolencia y su cura. | Semillas de sésamo. |
| | Dominio: dolencias menores y mayores de la piel, infecciones y enfermedades. | Galletas. |
| | Asociaciones: muerte, cementerios, enfermedades. | Caramelos. |
| | Número sagrado: 17. | Puros. |
| | Colores: varían según la tradición: blanco, marrón, negro, rojo, amarillo y morado. | Conchas de cauri. |
| | Planta: cactus. | Bebidas de babalú. |
| | Árbol: Odan. | Vino blanco fino. |

| Orisha | Símbolos y funciones | Ofrendas apropiadas |
|---|---|---|
| | | Pollo. |
| | | Si lo busca para curarse, ofrézcale milagros (pequeños amuletos religiosos). Si responde, ofrezca más. |
| | | No ofrezca agua. |
| Erinlé | Orisha de la fertilidad, la abundancia y la riqueza. | Pequeños amuletos de metal con forma de pez. |
| | Espíritu del arbusto. | Imágenes de peces brillantes. |
| | Rey submarino. | Imágenes de peces brillantes |
| | Número sagrado: 7. | Caramelos de peces suecos. |
| | Símbolos: bayas, cañas de pescar, arcos y flechas. | |
| | Asociaciones: la Tierra, el universo y sus leyes naturales, la caza y la riqueza. | |
| | Colores: turquesa, índigo, coral. | |
| | Mineral: Oro. | |

| Orisha | Símbolos y funciones | Ofrendas apropiadas |
|---|---|---|
| Esu | Dios de los caminos, especialmente de las encrucijadas. | Caramelos. |
| | Protector de los viajeros. | Ron. |
| | Dominio: fortuna y desgracia, ley divina. | Juguetes. |
| | Colores: rojo y negro. | Comida picante. |
| | Número sagrado: 3 | Cigarrillos. |
| | Símbolos: muletas, bastones, cruz y llave. | Comida con pimientos y salsa picante. |
| | Árbol: calabaza. | |
| | Plantas: almácigos, aroma de viramundo, curujey, guayaba, güira cimarrona, alcanfor, berro y uña de gato. | |
| | Asociaciones: leyes naturales, leyes divinas y orden. | |
| Ibeji | Representante de la pareja de gemelos. | Juguetes. |

| Orisha | Símbolos y funciones | Ofrendas apropiadas |
|---|---|---|
| | Orisha de los gemelos divinos. | Dulces. |
| | Números sagrados: 2, 4 y 8. | Cualquier cosa divertida. |
| | Colores: rojo y azul. | Fruta. |
| | Asociaciones: picardía, abundancia y alegría. | Arroz amarillo. |
| | Símbolos: muñecos gemelos. | Caña de azúcar. |
| | Son niños. | Frijoles de ojo negro. |
| | | *Okra.* |
| | | Bebidas y zumos de frutas. |
| | | Cosas servidas en pareja. |
| | | Plátanos pequeños, manzanos. |
| | | Pasteles. |
| | | Pollo y arroz. |
| **Obatalá** | El padre del cielo. | Su dieta es sosa y restringida. |

| Orisha | Símbolos y funciones | Ofrendas apropiadas |
|---|---|---|
| | Creador de los cuerpos humanos. | Odia la sal y la comida picante. |
| | El más antiguo de todos los orishas. | Prefiere las ofrendas blancas o de color claro. |
| | El rey de la religión en el cielo, Orun. | Arroz. |
| | Color: blanco. | Coco. |
| | Número sagrado: 8. | Huevos. |
| | Dominio: pureza. | Mantequilla de cacao. |
| | Asociaciones: propósito, paz, honestidad, pureza, resurrección, año nuevo y perdón. | Tubérculos blancos. |
| | Símbolos: corona blanca, bastón, paloma. | Merengues. |
| | Plantas: acacia, agracejo, campana, algodón, atiponla, bayoneta, estropajo, flor de mayo, guanábana, malva. | Sacrificios de animales blancos como gallinas, cabras hembras y palomas. |
| Oduduwa | El primer rey de Oyo. | Come con Obatalá, el orisha |

| Orisha | Símbolos y funciones | Ofrendas apropiadas |
|---|---|---|
| | El muerto más antiguo. | blanco, y acepta sacrificios como: |
| | El señor de los deseos. | • Cabras blancas. |
| | | • Gallinas. |
| | Un creador, un hacedor de justicia. | • Cuyes. |
| | | • Codornices. |
| | Asociaciones: muerte, pureza, armonía, creación y energía. | • Palomas. |
| | Colores: blanco y ópalo. | |
| Ogún | Orisha primordial. | Come casi cualquier cosa debido a su gran apetito. |
| | El primer rey de Ife. | Plátanos. |
| | Dios de la guerra y los metales. | Jutías (pequeños roedores). |
| | Dominio: transformación, función y vida. | Pescado ahumado. |
| | Asociaciones: herramientas, creatividad e inteligencia. | Granadas. |
| | Números sagrados: 3 y 7. | Sandías. |

| Orisha | Símbolos y funciones | Ofrendas apropiadas |
|---|---|---|
| | Colores: rojo, negro y verde. | Ron. |
| | Plantas: cyperus esculentus, ajo, romero, chile, pimienta negra y otras hierbas medicinales. | Uvas. |
| | Árboles: *akoko*, sándalo africano, palma, eucalipto y calabaza. | Ginebra. |
| | Símbolos: la palma, el hierro y el perro. | Bananos. |
| | | Palomas. |
| | | Cabras. |
| | | Gallos. |
| Oko | Orisha de la agricultura, la ganadería y la fertilidad. | Todos los cultivos, especialmente las hortalizas de raíz. |
| | Dominio: la vida, la tierra y la muerte. | Tubérculos. |
| | Asociaciones: salud, | Boniatos. |

| Orisha | Símbolos y funciones | Ofrendas apropiadas |
|---|---|---|
| | vitalidad y estabilidad. | |
| | Colores: rojo, blanco, rosa y azul claro. | Maíz. |
| | Número sagrado: 7. | Raíz de malanga. |
| | | Alimentos condimentados con aceite de palma. |
| | | Maíz tostado. |
| | | Pescado ahumado. |
| Osanyin | Orisha de la naturaleza. | Monedas. |
| | Hierbas curativas. | Alcohol, especialmente aguardiente. |
| | Colores: verde, rojo, blanco y amarillo. | Ron. |
| | Números sagrados: 6, 21 y 7. | Velas. |
| | Dominio: bosques, botánicas, curación y zonas silvestres. | Tabaco. |

| Orisha | Símbolos y funciones | Ofrendas apropiadas |
|---|---|---|
| | Asociaciones: plantas, magia, hablar y curar. | |
| | Símbolos: ramas de árbol retorcidas y tubos. | |
| | Semillas multicolores. | |
| Osumare | Serpiente divina. Orisha del arco iris, la transformación, la serpiente y los ciclos. Guardián y protector de los niños. Colores: amarillo, púrpura, granate, rosa y verde. Dominio: permeabilidad y riqueza. Asociaciones: regeneración, transformación y renacimiento. Símbolos: serpientes y arco iris. Conchas de cauri, amuletos de vidrio o hierro, amarillas y verdes. | Maíz. Bayas. Camarones salteados en aceite de dende. Frijoles. Agua pura. Gallos y armadillos. Cacahuetes. Ñames. Boniatos. |

| Orisha | Símbolos y funciones | Ofrendas apropiadas |
|---|---|---|
| Osoosi | Los espíritus de las comidas, ya que es el proveedor de alimentos. | Le encanta que le ofrezcan animales de caza, como cerdos cocidos, pintadas, codornices, ciervos, palomas y cabras. |
| | Orisha de la contemplación y patrón de las artes y las cosas bellas. | Uvas. |
| | Colores: Azul en *Ketu* y verde en otros lugares. | Peras. |
| | Números sagrados: 3, 4 y 7. | Pescado ahumado. |
| | Dominio: los bosques, la caza, la riqueza y los animales. | Plátanos. |
| | Asociaciones: inteligencia, sabiduría, ligereza y astucia en la caza. | Granadas. |
| | Plantas: blanco de estrena, pez escorpión, vid de perdiz, coral, encantamiento, incienso de costa, prodigiosa. | Bananos. |
| | Símbolos: ballesta y | Anís. |

| Orisha | Símbolos y funciones | Ofrendas apropiadas |
|---|---|---|
| | flecha. | Jutia. |
| | | Papas fritas. |
| | | Puros. |
| **Shango** | Padre del cielo. | Ron. |
| | Dios del trueno y del rayo. | Whisky- algunos recomiendan Jack Daniels en particular. |
| | Colores: Rojo, dorado y blanco. | Cerveza. |
| | Números sagrados: 4 y 6. | Tabaco. |
| | Dominio: vitalidad humana y sexualidad masculina. | Chiles. |
| | Piedras: cornalina, ópalo de fuego, diamante y oro. | Pimientos. |
| | Asociaciones: protección, tambor, justicia, vida, magia, fuego, trueno, rayo y virilidad. | Comida caliente y picante. |

| Orisha | Símbolos y funciones | Ofrendas apropiadas |
|---|---|---|
| | Plantas: chile, roble rojo, marihuana, hibisco, raíz china y sasafrás. | Pólvora. |
| | Símbolos: tormentas eléctricas, collares de semillas rojas y blancas, rayos y hachas bicéfalas. | Carne. |

Existen numerosos orishas yorubas, cada uno de los cuales rige un determinado aspecto de la vida. Cada uno exige ofrendas únicas y tiene características y temperamentos diferentes. Esto hace que sea muy difícil para la mayoría de la gente recordar las diferencias e identificarlos a todos, especialmente para quienes se acercan recientemente a este sistema de creencias. Afortunadamente, siempre puede consultar esta guía cuando necesite recordar las deidades y sus principales aspectos.

# Conclusión

La religión yoruba es una de las más fascinantes del mundo. Está llena de leyendas, mitos y magia. En este libro, hemos cubierto todo lo que usted querría saber sobre el encantador mundo de los Isese. Hemos proporcionado información sobre su historia y su cultura, para que tenga suficientes bases para iniciar su viaje de aprendizaje. También aprendió sobre Olorun, el Dios Supremo, y el mito de la creación.

El mundo de los orishas es probablemente la parte más interesante de la religión yoruba. Como intercesores entre los humanos y el Dios Supremo, los orishas desempeñan un papel muy importante a la hora de ayudar a la gente a comunicarse con Olorun. Para invocarlos y aprovechar sus poderes, primero tiene que saber quiénes son y cómo pueden ayudarle. Toda la información para ayudarle a navegar por su mundo, incluyendo el número de orishas que hay y cuáles son los más útiles e importantes, ha sido discutida.

Todos los dioses gustan de ofrendas y sacrificios, y los orishas no son diferentes. Aprender a apaciguarlos será beneficioso cuando los invoque para pedir su ayuda. Hay orishas masculinos y femeninos, cada uno con historias y leyendas fascinantes. Tanto si está enfermo como si quiere tener un hijo o buscas el amor, encontrará un orisha dispuesto a ayudarle. Así como los orishas son generosos, algunos de ellos pueden ser irascibles y destructivos, y tenemos la información que necesita para iniciar su camino sin enojar ni provocar a esos orishas. Al igual que las personas, algunos orishas no se llevan bien con los demás. Conocer su historia le ayudará a no venerar juntos a orishas rivales como Oya y Oshun.

En la siguiente parte del libro, hablamos sobre la práctica de la adivinación de Ifá y cómo funciona. Se discutió sobre los adivinos *Babalawo* y quiénes pueden convertirse en uno. Además, cubrimos la importancia de los ancestros en la religión yoruba. Tenemos que honrar a nuestros antepasados y buscar su sabiduría para que nos ayuden a navegar por la vida. Hablamos de la veneración de los mismos, que se realiza en un altar. Después de terminar el capítulo 7, estará preparado para crear un altar o santuario dedicado a sus propios ancestros.

Cada religión tiene su calendario y sus días sagrados. Cada día de la semana se llama de una manera diferente y tiene un significado distinto en la religión yoruba. Para practicar esta religión, es necesario que conozca sus diferentes fiestas y pueda celebrarlas con sus seres queridos. También le proporcionamos toda la información que necesita con respecto a los festivales importantes. Además, hay muchos hechizos y rituales yorubas que debe conocer. En este libro encontrará todos los ingredientes e instrucciones que necesita para empezar a practicar.

La religión yoruba es rica en leyendas, mitos, dioses y magia. Se ha convertido en una gran influencia para otras religiones de todo el mundo. Ahora ha aprendido sobre muchas de estas creencias, lo que tienen en común y sus diferencias. Hay mucho sobre la religión yoruba; esperamos haberle brindado toda la información esencial que necesitará para conocer su herencia espiritual. ¡Buena suerte en su viaje!

# Segunda Parte: Ifá

*La guía definitiva del sistema de adivinación y la religión del pueblo Yoruba*

# Introducción

La rica y compleja herencia de la religión Ifá tiene sus raíces en el suelo de África Occidental, en la región conocida como Yoruba. Abarca los tres estados modernos de Nigeria, Benín y Togo, aunque más del 75 % de Yoruba se encuentra en Nigeria. Con una población de 55 millones de habitantes, la mayoría de los habitantes de Yoruba son de etnia yoruba.

De los yoruba surgió Ifá, que dio origen a expresiones religiosas en el Nuevo Mundo. Nacido al otro lado del Atlántico con los esclavos que construyeron ese mundo en nombre del colonialismo europeo, Ifá es la raíz de la santería, el candomblé, el sango bautismo y el *voudon*.

A través de estas religiones del Nuevo Mundo y otras prácticas espirituales surgidas de la diáspora africana, la cosmología y las características principales de Ifá se han difundido por todo el mundo. Aunque las formas en las que se manifiesta en estas «derivaciones» es notablemente diferente, las raíces permanecen, remontándose siempre al fértil suelo de la madre África.

A pesar de los esfuerzos colonizadores por imponer la religión cristiana en África, Ifá no solo ha sobrevivido, sino que ha prosperado. Los reflejos de Ifá en el Nuevo Mundo empezaron a emigrar hacia el norte, a Estados Unidos, desde países como Cuba, Haití y Brasil, trayendo un nuevo interés por una antigua forma de culto y de vida que resuena entre los descendientes de quienes fueron sacados de las costas de África.

El núcleo de Ifá es la adivinación, un vínculo mediador entre la humanidad y el mundo de los espíritus. Basada en las tradiciones orales de los *Odú Ifá* y en la transmisión oral de cuentos populares y prosa de *babalawo* (que significa «padre de los secretos» o «padre de la sabiduría») a través del tiempo, la adivinación en Ifá se basa en la interpretación de los signos que arrojan las herramientas de adivinación. Estas se utilizan para llegar al *Odú*, o narración del *Odú Ifá*, que instruye a los fieles que buscan orientación. Interpretada por los *babalawo*, la adivinación proporciona a los practicantes de Ifá una forma de discernir la guía del mundo espiritual y la dirección que les marca el destino.

Para los seguidores de Ifá, es más que una religión. Ifá es una conexión con el mundo de los espíritus y su voluntad para la vida humana individual. Los cuentos populares y la prosa que transmiten los sagrados *babalawo* guían a los practicantes y les sirven para extraer sabiduría de los escenarios comunes para la conducción de sus propias vidas. Ifá se fundamenta en el desarrollo intelectual, que conduce a la perfección de la vida individual, y en la sabiduría que los espíritus comparten con los vivos. En ese desarrollo está la motivación de quienes siguen la religión de Ifá: el viaje del alma como consagración activa e intencional de la vida humana a la voluntad de la divinidad.

En este libro, usted descubrirá una religión única con 8.000 años de antigüedad. Una religión que aún se practica en nuestros días. La Asociación de las Naciones Unidas para la Educación, la Ciencia y la Cultura (UNESCO) reconoció a esta religión como Patrimonio Oral e Inmaterial de la Humanidad.

Explore Ifá, sus prácticas adivinatorias y sus disciplinas espirituales. Entre en un mundo guiado por la voluntad de trascender a través de misterios ancestrales.

# Capítulo 1: ¿Qué es Ifá?

*«La canción cambia, así que los tambores cambian para adaptarse a ella».* - Proverbio yoruba.

El proverbio anterior es un buen punto de partida para el viaje al corazón de Ifá. Ifá es más que una religión; Ifá es el centro de mando de la vida. Los fieles encuentran sentido, dirección y consuelo duradero en la guía espiritual atada al intelecto.

Esta es una de las características más llamativas de Ifá. Aunque está claro que las religiones monoteístas del cercano Oriente (judaísmo, cristianismo e islamismo) apelan al intelecto en el caso de los clérigos, los laicos (quienes no han sido ordenados para el servicio sacramental o pastoral de Dios) a menudo solo están llamados a creer. Lo contrario ocurre en Ifá, donde el desarrollo intelectual es un componente de la espiritualidad de todos los fieles.

La canción del proverbio es, por supuesto, la vida. Y como sabemos, la canción de la vida tiene todo tipo de cambios. La percusión cambia a medida que el viaje avanza. Esta es la verdadera genialidad de Ifá. Los seres humanos que buscan la guía de los espíritus a través de la adivinación se conectan en el ritual. Más que eso, están comprometidos intelectualmente a trabajar con lo que aprenden de la voluntad divina.

En este primer capítulo, descubrirá la historia de Ifá y aprenderá sobre el grupo étnico del que proviene, los yoruba.

# ¿Quiénes son los yoruba?

Hasta 1292 a. C., el antiguo Egipto fue gobernado por faraones nubios. En esta época, la decimonovena dinastía, el gobierno de la antigua monarquía cayó en manos de monarcas euroasiáticos y árabes (véase la sección de recursos).

**Taharqa, el faraón nubio**

*Aidan McRae Thomson, CC BY-SA 2.0 <https://creativecommons.org/licenses/by-sa/2.0>, vía Wikimedia Commons https://commons.wikimedia.org/wiki/File:Taharqa_portrait,_Aswan_Nubian_museum.jpg*

Procedentes de lo que hoy es Arabia Saudita, los «cusitas» bíblicos llegaron al valle del Nilo para establecerse allí y convertirse en una parte vital del antiguo Egipto, de su cultura, su liderazgo y sus expresiones religiosas. Después de miles de años, este pueblo fue conocido como los «yoruba».

Los yoruba rendían culto a un panteón de deidades, como los cusitas de la península arábiga, y trajeron consigo su sistema de creencias. A medida que su influencia como líderes filosóficos y espirituales crecía, esas creencias pasaron a formar parte del entramado religioso del antiguo Egipto. En la sofisticación y complejidad de las creencias egipcias pueden observarse fácilmente los ecos de los cusitas y un anticipo de Ifá.

Las tradiciones orales de los yoruba relatan una migración desde el antiguo Egipto, del que Nubia formaba parte, en la que trajeron consigo las costumbres egipcias, refinadas a partir de las antiguas costumbres de Arabia. El sistema monárquico de los yoruba se parece mucho al del antiguo Egipto. Por otro lado, las prácticas funerarias y el arte también hablan de esta conexión. Incluso hoy, muchos yoruba remontan sus orígenes a Egipto y al valle del Nilo. Aunque hay muchas divergencias por parte de arqueólogos e historiadores, los propios yoruba se adhieren a esta versión de los hechos para ubicar el establecimiento de lo que se convirtió en el pueblo yoruba en tierra Yoruba.

Pero fue solo hasta 1830 que la palabra «yoruba» se utilizó para describir a este pueblo. Antes, el término describía una serie de subgrupos étnicos relacionados por costumbres, origen regional y prácticas religiosas. Se trataba de grupos como los *oyo*, los *ketu* y los *egba*. Los yoruba vivían entonces en ciudades-estado, que aún caracterizan la organización política de la actual tierra Yoruba.

Deambulando por el antiguo Oriente, estableciéndose en Egipto y desplazándose de nuevo a Nigeria, Togo y Benín, los yoruba fueron dispersados por la trata transatlántica de esclavos. Finalmente, culminaron con la identidad yoruba en Yoruba, tal como se conoce hoy en día, y llevaron una versión de la creencia de Ifá al Nuevo Mundo mediante los esclavos.

## Ifá - El fundamento de la vida yoruba

La palabra «Ifá» no viaja bien, como muchas palabras en todos los idiomas. Resumida como tema central, significa una atracción y en esa atracción está el papel que Ifá desempeña en la vida yoruba.

La atracción de la que se habla es hacia la sabiduría espiritual y material, lo que resulta simultáneamente en una mejora y purificación de la vida de quien la practica. El intelecto humano se alista para trabajar con las interpretaciones del padre sacerdote, el *babalawo*, o la mujer sacerdote, *iyalawo*, en lo que respecta a la adivinación (de la que se hablará más adelante). El resultado se produce por la combinación de las lecciones recibidas en la adivinación y la forma en que cada practicante aplica esas lecciones en su vida.

La iglesia de Ifá es el ser humano, porque es en el ser humano donde se realizan los deseos del mundo de los espíritus. Al aprender de la sabiduría de los espíritus, los practicantes de Ifá son guiados hacia una vida radiante de significado, tanto espiritual como práctico. No existe una auténtica división entre el espíritu y el cuerpo. En Ifá, son uno, igual que los fieles son uno con el mundo de los espíritus a través de la pericia adivinatoria de los doctos «padres/madres sacerdotes».

Todo lo que es (vivo, muerto y por ser, material y espiritual), es uno. En esta unidad universal con la fuente divina se encuentra la filosofía de Ifá. Es una religión que impregna cada rincón de la vida de quien la practica, del mismo modo que la divinidad infunde el orden creado con su presencia numinosa. No hay división genuina, salvo por la cosmología, que se discutirá en breve. Solo hay unidad. Cada ser humano participa de esa unidad como un componente planificado del todo mayor.

Ifá, por tanto, es una atracción del alma humana hacia un proyecto de vida divino. Al vivir como parte integrante de una construcción planificada, el individuo no está obligado a participar. En su lugar, Ifá aconseja y dirige a los fieles en la dirección correcta, con la esperanza de que las lecciones calen. Cuando no es así, se presenta la oportunidad de seguir aprendiendo.

En Ifá, los comportamientos humanos se rigen por los dieciséis mandamientos de la fe.

## Los dieciséis mandamientos de Ifá (*Ika Ofun*)

Tenga en cuenta que hay muchas versiones de los dieciséis mandamientos de Ifá en internet. La traducción y la interpretación personal influyen en las diferencias.

Estos mandamientos son los pilares de Ifá: fortifican la comunidad asegurando la integridad individual que crea un microcosmos de totalidad.

1. **No mentir**

    En Ifá, la mentira se considera un fallo de la sabiduría, el intelecto y el espíritu. Es, por lo tanto, un defecto que eventualmente daña la vida del practicante. La meta de Ifá es erradicar el impulso de mentir y reemplazarlo con respuestas sabias a partir de las lecciones aprendidas.

2. **No practicar Ifá sin comprensión**

   Es importante prestar especial atención a este mandamiento. Ifá no es un charco de lodo para que los diletantes chapoteen en él. Es una religión y una forma de vida antigua y profunda. Ningún aspecto de Ifá, incluyendo la adivinación, debe ser abordado sin comprensión y reverencia.

3. **No engañar**

   Engañar es decir falsedades, por lo que el mandamiento de no engañar se refiere al deber del practicante de no dañar a la comunidad llevando a cualquiera de sus miembros en la dirección equivocada. El costo humano puede ser muy alto.

4. **No hacer trampa**

   ¿Detecta un tema? La deshonestidad es un «NO» tan rotundo en Ifá que hay tres formas estrictamente ligadas a ella dentro de las principales prescripciones para la vida. En este caso, la trampa se refiere específicamente al dinero y a la espiritualidad.

5. **No pretender ser más sabio de lo que se es**

   Todos conocemos a alguien que afirma tener conocimientos profundos sobre diversos temas, pero que, en realidad, solo conoce los titulares. Ifá prohíbe directamente esas poses vanas y aconseja alcanzar la sabiduría, que no puede fingirse, a través del trabajo conjunto del intelecto y el espíritu.

6. **Ser humilde**

   La humildad está entretejida en Ifá en el sentido de la palabra. Lo que atrae a los fieles es la sabiduría y el desarrollo intelectual y espiritual. Para alcanzar estas cosas, es imperiosa la humildad de aprender a ser un mejor ser humano.

7. **No ser engañoso ni traicionero**

   La astucia, la traición y la manipulación son características de las personas desordenadas e infelices. Quienes buscan manipular a los demás y van a sus espaldas sembrando confusión y descontento, no viven vidas santificadas, sino vidas quebrantadas por el ego.

8. **Los tabúes y la superstición no tienen poder sobre usted**

   Aquí nos encontramos con la orientación práctica de Ifá. Los tabúes y las supersticiones son principalmente culturales y conducen a creencias extravagantes que pueden desviar a los fieles de su camino hacia una vida comunitaria santificada. No aportan nada a la vida y no deben tener ninguna influencia.

9. **No ser arrogante con los tabúes y las supersticiones**

   Las sociedades occidentales tienen muchos tabúes y supersticiones culturales. Muchos tienden a reírse de ellos. Ifá prohíbe esto y el mandamiento de ser humilde excluye cualquier burla al respecto. En cambio, cualquier creencia es recibida con estudiada neutralidad.

10. **Ser digno de confianza**

    Ser alguien en quien los demás pueden confiar es el sello distintivo de una persona bien desarrollada. Habiendo aprendido la sabiduría de los espíritus y los antepasados, un adepto de Ifá no cuenta secretos de los demás y cumple sus promesas.

11. **Respetar los desafíos de los demás**

    Expresado como no tomar el bastón de la mano de un ciego, este mandamiento aconseja el apoyo activo a quienes sufren dificultades como la ceguera, problemas de movilidad, sordera, mutismo o cualquier otro obstáculo que los haga vulnerables a la mala voluntad de los demás. No se debe interferir con estas personas, sino apoyarlas. Todos los retos se ven como una oportunidad para construir la decencia.

12. **Respetar a los mayores**

    Cerca del final de sus viajes terrenales, las personas mayores son respetadas incuestionablemente como quienes han acumulado sabiduría y lecciones de Ifá. Son sabiduría viva y, por tanto, ejemplos sagrados.

13. **Respetar los matrimonios/relaciones de otras personas**

    La moralidad sexual significa no interferir en las relaciones y matrimonios de los demás fijando la vista en uno de los miembros de la pareja. También significa ser sincero con las parejas sexuales y no tergiversar la propia identidad.

**14. No traicionar sexualmente a un amigo**

De todos los matrimonios y relaciones con los que los practicantes de Ifá no deben meterse, los de sus amigos encabezan la lista. Comprometerse sexualmente con la pareja de un amigo es una profunda ruptura en la integridad de la comunidad.

**15. No traicionar secretos**

Divulgar información que ha sido confiada destruye el prestigio de alguien en la comunidad y la capacidad de los demás para confiar en él. Provoca cinismo y aislamiento social.

**16. No faltar al respeto a los sacerdotes**

Los sacerdotes de Ifá están para guiar a la comunidad con sus conocimientos, adquiridos tras años de formación. Faltarle el respeto a los sacerdotes es faltarle el respeto al depósito de historia oral y tradición que se les ha confiado y, por extensión, faltarle el respeto al propio Ifá.

## El papel de la adivinación

La adivinación es un enfoque ritual central en Ifá y es utilizado para proporcionar a los fieles orientación y crecimiento. Este libro se ocupa en gran medida de este aspecto de la fe, pero es útil saber qué se pretende lograr con la adivinación.

El centro de la adivinación para el gobierno y el marco filosófico de los creyentes es su fuerza comunitaria. Se utiliza para todo, desde discernir la voluntad del mundo espiritual para un nuevo año hasta seleccionar un nuevo líder, además de servir a los fieles como medio para seguir y cambiar su destino.

Porque en Ifá, el destino está escrito por la Divinidad, pero también es «plástico». Su maleabilidad está en la voluntad de cada practicante de tomar el control de lo que la vida le depara y cambiar la trayectoria de la fortuna. La adivinación mide las condiciones mundanas existentes, consulta con el espíritu y prescribe medidas correctoras. También sirve a los fieles para recordar que el espíritu controla todo lo que existe y que los seres humanos solo pueden protegerse de los caprichos de un mundo incierto mediante la intercesión.

La adivinación no es un proceso pasivo para atraer la buena fortuna y protegerse de la mala, ni en las grandes cuestiones ni en las pequeñas cuestiones. El proceso se inicia con la agencia de la persona que se acerca al *babalawo* o la *iyalawo* para una lectura. Aunque la adivinación proporciona respuestas, depende totalmente de quien busca la guía del mundo de los espíritus actuar de acuerdo con esas respuestas. La adivinación es poco útil para quienes la buscan sin esta participación implícita y esperada.

Por otro lado, hay consecuencias más graves cuando no se actúa según la guía de la adivinación.

## En el cielo es como en la tierra

Como se ve en los dieciséis mandamientos de Ifá, esta religión y estilo de vida están arraigados en la decencia: respeto por los demás, humildad y autoconciencia. Estas cualidades describen el mejor comportamiento posible de la humanidad.

El énfasis en la ortopraxis (la acción correcta, en contraposición a la «ortodoxia» o pensamiento correcto) tiene una razón funcional. Sencillamente, lo que ocurre en la tierra no se queda en la tierra. Más bien, lo que sucede en la tierra tiene repercusiones en el mundo espiritual (el cielo).

Por lo tanto, con el fin de lograr la integridad del mundo espiritual, entretejido con el mundo material a través del espíritu divino que vive en los cielos, la adivinación se sitúa en la brecha. La brecha, por supuesto, es la de la carne y sus caminos errantes. La adivinación enseña a la carne los caminos del espíritu adivinando su sabiduría a través de la experiencia sacerdotal y las herramientas utilizadas (que se exponen más adelante).

Cuando los seres humanos de la comunidad se adhieren a la perfección de sus espíritus, se mantienen a la altura del cielo. Esto no es solo por el bien del cielo, sino también por el suyo propio. El mundo de los espíritus es la promesa del otro lado de la vida y está oculto en lo más profundo de nosotros, que somos una porción de él. Esa porción no es genuinamente nuestra. Es un regalo de la divinidad, similar a una entrada para la última fiesta. Mientras que el alma está integrada con todo lo que es, la carne debe transitar por las lecciones de la vida. Aunque la carne es creada y sagrada, también es el lugar de los rasgos humanos más dañinos. La carne es el lugar donde se aprende y lo que se purifica en ese aprendizaje hacia la perfección del espíritu.

El papel central de la adivinación en Ifá revela una verdad fundamental sobre este estilo de vida espiritual. La unidad de todas las cosas se ve afectada por la voluntad de la humanidad de examinarse a sí misma y de buscar el espíritu en ese examen. En la adivinación, Ifá añade una herramienta de aprendizaje funcional que alimenta el espíritu a medida que la carne absorbe las lecciones. Cuando la carne deja de estar en guerra con el espíritu, evoluciona para modelar su potencial, pero hay una eternidad para que ese potencial se desarrolle plenamente, en Ifá.

Los dieciséis mandamientos son claros. Proscriben lo comunitariamente corrosivo y prescriben lo socialmente constructivo. Al exigir la fidelidad individual a una norma común de conducta virtuosa, los mandamientos refuerzan la integridad del espíritu, tejiendo el orden creado en unión con su fuente divina. Cuando se multiplica el bien en la tierra, se fortalece la integridad del cielo. Esta unidad, en Ifá, se expresa en la fidelidad comunitaria, que refleja la unidad divina entre lo creado y el creador.

## Sabiduría e intelecto

Ifá se traduce vagamente como «atracción». Esa atracción es hacia la búsqueda de la sabiduría encendida por el intelecto y tocada por el espíritu. Pero la sabiduría y el intelecto no son por sí mismos en Ifá. Sirven para un propósito mucho mayor.

Ese propósito es la ordenación del universo a través de la ortopraxis de las personas justas. Esta rectitud tampoco es por sí misma. Más bien, sirve al objetivo mayor, que es la unidad y la integridad de todos. Evita la resolución de los caminos errantes y egoístas de la carne, dirigiendo al individuo hacia el camino que sirve a la comunidad y, por tanto, a la meta.

En Ifá, la sabiduría y el intelecto tienen una fuente divina, y esa es Olodumare, la deidad creadora de Ifá y la fuente del orden creado.

En el próximo capítulo, conocerá a Olodumare, descubrirá el origen de la adivinación de Ifá y la versión de Ifá del relato de la creación.

# Capítulo 2: Dios y el gran sumo sacerdote

Olodumare, el nombre de Dios en Ifá, tiene un perfil muy familiar. Para empezar, Olodumare (también conocido como Olorun) es llamado el señor del cielo y creador. Al igual que el Dios de las escrituras hebreas y cristianas, Olodumare no es una criatura, sino absolutamente «otro» y ontológicamente inescrutable, hasta el punto que los seres humanos ni siquiera pueden concebir su sustancia.

A veces se describe a Olodumare como el «monarca que no se puede encontrar, aunque se busque con ahínco». Esta inefabilidad y otredad coinciden con el Dios de las escrituras hebreas. Cuando Moisés le preguntó su nombre, respondió: «Yo soy lo que soy» (expresado en hebreo como «YHVH», el tetragrámaton, Éxodo 3:14). Esta inefabilidad se enfatiza de manera similar en la conceptualización de lo divino de Ifá.

La historia de Olodumare es la de un dios alejado. Una vez cerca de la creación forjada por su mano, el dios de Ifá se volvió remoto, pero accesible. Siempre cercano en espíritu a la creación, Olodumare siguió conectando con la gente y escuchando sus súplicas. Las similitudes superficiales entre el dios de Ifá y el dios de las escrituras hebreas y cristianas terminan aquí. Aunque alcanzable, Olodumare sabía que necesitaban un emisario en la Tierra.

# La narración de la creación de Ifá

Hace mucho, mucho tiempo, Olodumare vivía más cerca del hogar de la humanidad que ahora. No había duda de que estaba al alcance de todos. Dios era uno de nosotros, un vecino al final de la calle.

Sin embargo, la humanidad se volvió arrogante. Empezó a saquear el cielo de forma indiscriminada e irrespetuosa, asaltando la comida de los recintos celestiales y tirando corazones de manzana al suelo. A Olodumare no le hizo ninguna gracia.

Así, el «vecino de la manzana de abajo» hizo las maletas y se alejó, agotado de gritar: «¡Fuera de mi césped!». Sabemos dónde vive Olodumare, y viceversa, pero nos relacionamos en pequeñas dosis, todavía escocidos por aquella trifulca de hace tiempo que se interpuso entre nosotros.

Antes de que eso ocurriera, hubo muchos intercambios entre Olodumare en el cielo y la humanidad en la tierra. En Ifá se representa como un páramo pantanoso (como en el relato bíblico de la creación, donde la Tierra se describe como «informe y vacía», Génesis 1:2). Este intercambio se produjo gracias a una cadena que unía el cielo y la tierra y permitía el paso libre en ambos sentidos.

Olodumare está en el cielo y la humanidad abajo
*https://unsplash.com/photos/Fem4uCQ7VEg*

Olodumare vio el estado de la Tierra, así que instruyó a Obatalá (orisha cocreador de Ifá, ver capítulo tres) para que la limpiara y la hiciera sólida. Olodumare le dio a Obatalá las herramientas para seguir sus instrucciones: una concha de caracol llena de tierra, una paloma y una gallina.

Así pues, Obatalá se puso en marcha y, cuando llegó al cenagoso desastre que era la Tierra, arrojó la tierra de la concha de caracol y dejó que la paloma y la gallina volaran para esparcirla. Obatalá ordenó entonces a una quimera que comprobara el trabajo de las aves y pronunciara su sonido.

La quimera informó que la tierra aún necesitaba trabajo, ya que algunas partes todavía no estaban en condiciones. La quimera regresó para una segunda inspección, tras la cual informó a Obatalá que el trabajo había sido completado.

Obatalá volvió a presencia de Olodumare e informó del éxito. Olodumare dio entonces a Obatalá otra misión: equipar la tierra con todo lo necesario para mantener la vida. Obatalá decidió que era un gran trabajo y se llevó a Orunmila (el oráculo orisha) como consejero.

En primer lugar, creó la palmera para que diera alimento, aceite, hojas para construir casas y el jugo de la fruta para beber. Después, Obatalá recibió otros tres árboles frutales para que los humanos obtuvieran su jugo, ya que aún no llovía. La gallina y la paloma se convirtieron en los ancestros de todas las aves.

Olodumare pidió a Obatalá que, cuando el trabajo estuviera terminado, se llevara a la Tierra a los dieciséis humanos que había creado en los recintos celestiales. Obatalá recibió entonces instrucciones de crear formas humanas, ya que Obatalá no podía darles vida. Solo Olodumare, como Dios de Ifá, podía dar vida a las formas. Así lo hizo, respirando en sus fosas nasales para animarlas. (NB: Otra notable similitud con el relato de la creación del Génesis, véase Génesis 2: 7).

## El origen de la adivinación

Olodumare pidió a Orunmila que permaneciera en la tierra para aconsejar a los fieles mediante la adivinación. Como ya se ha dicho, la adivinación puede emplearse para tomar decisiones comunitarias sobre el liderazgo. Para los practicantes individuales, sin embargo, sirve como fundamento, ya que les proporciona información valiosa y les da poder para cambiar sus vidas y sus destinos utilizando el intelecto y espíritu al unísono.

En los últimos tiempos, la adivinación ha unido fuerzas con las instituciones científicas e intelectuales de nuestro mundo material y los espíritus aconsejan a los practicantes que busquen la ayuda de médicos, abogados y otros profesionales. De todas formas, la adivinación es un mensaje del amor de Olodumare por la humanidad. Proporciona un medio para los vivos de buscar el consejo del mundo espiritual, obteniendo mejores vidas y viviendo más feliz y fructíferamente en el proceso.

La adivinación es una herramienta espiritual que sirve a los fieles y a la comunidad en la que viven, aconsejando, dando respuestas a preguntas y, hoy en día, guiándolos a los profesionales para que los ayuden a cumplir la guía del espíritu.

Dado que Olodumare se alejó de la Tierra, Orunmila actúa como su intermediario, sustituyendo la presencia divina *in situ* por la de un apoderado que supervisa la práctica de la adivinación y la aptitud y pericia de los encargados de compartir sus dones, los *babalawo* e *iyalawo*. También fue Orunmila quien estableció la tradición oral de Ifá, el *Odú Ifá*. Por ello, se le conoce como el sumo sacerdote y revelador de la divinidad de Olodumare y del don profético de la adivinación. (NB: Para este propósito, la interpretación bíblica de profecía es «revelar». Específicamente, la profecía revela verdades que liberan).

Debido a que la adivinación surgió de la mente del creador, Olodumare, es un centro sagrado de la vida para quienes practican Ifá. Compleja en su práctica y vínculo sagrado entre el pueblo y su dios, la adivinación es esa cadena entre el cielo y la tierra cuyos eslabones se fortalecen con cada lección aprendida y actuada por el Oráculo, Orunmila.

## El dios distante

La retracción de Olodumare de la Tierra es, en verdad, el corazón mismo de la necesidad de adivinación. Los seres humanos eran groseros, vulgares y odiosos. Necesitaban a su creador, pero también hay cosas que un dios amoroso no puede soportar. Olodumare resolvió el problema de su ira alejándose de los seres humanos para reducir la tentación de castigarlos.

En lugar de eso, dejó a un emisario en la Tierra para arreglar las cosas. La humanidad parecía estar bien, pero no lo estaba. La situación exigía un ajuste prolongado para enderezarla y ese ajuste fue la adivinación. A través de la adivinación, la comunidad de Ifá se encamina hacia un lugar más fiel al prototipo original de la humanidad. Con el apoyo de los sabios *babalawo* e *iyalawo*, la adivinación dirigió la mente de la comunidad hacia el desarrollo al servicio de la relación divina-humana, tejiéndola otra vez cuidadosamente en respetuoso servicio a algo más grande que la individualidad.

Olodumare está lejos de la humanidad en la cosmología, pero cerca en la persona de Orunmila y en el don de la adivinación. A través de Orunmila, el todopoderoso actúa para reparar a una humanidad dañada, vacía de respeto por su creador y por el cielo mismo. Volviendo a los dieciséis mandamientos de Ifá del capítulo uno, se puede ver que la historia de la creación de Ifá es la razón del llamado a la honestidad, la ortopraxis y la humildad.

## Restablecer la conexión

Las religiones del mundo y sus relatos de la creación suelen señalar una ruptura de algún tipo en el momento de la creación o inmediatamente después. Esa ruptura en las escrituras hebreas se da con el consumo de una manzana por parte de Eva. La cábala de la tradición mística judía ofrece una descripción compleja y técnica de una creación en capas de cuatro mundos, con un quinto cerca de la sede de la divinidad. Este es el mundo del hombre primordial, Adán Kadmon (el prototipo espiritual del Adán del Jardín, cerca del corazón de Dios, aunque no realizado en la versión del Jardín).

Los dos Adanes y la fracturada relación de Dios con la representación física de Adán, el hombre primordial, presentan a Adán Kadmon como el ejemplo de la intención divina. Con Olodumare, la adivinación proporciona una solución curativa a la ruptura. En el judaísmo tradicional, las 613 *mitzvot* (mandamientos) actúan de forma similar, restaurando la relación divino-humana.

Los mandamientos de Ifá trabajan mano a mano con la adivinación para construir el tipo de ser humano que Olodumare pretendía poner sobre la Tierra: honesto, humilde y justo en sus acciones. A lo largo de la vida, la búsqueda de los fieles de Ifá es llegar a ser más justos, humildes y honestos, salvando así la herida original con la obediencia a la obra del dios creador.

Una conexión restaurada entre Olodumare y el pueblo de Ifá es una creación restaurada, sanada por las conexiones amorosas entre la comunidad y la relación de esa comunidad con un dios distante. Con el consejo y el aprendizaje que proporciona la adivinación, el trabajo de Ifá se convierte en una educación para vivir con gracia y en paz. Ese proceso es un proceso de sanación compartido entre el dios y la humanidad.

## Un dios creador

Olodumare, a pesar de los muchos nombres con los que es llamado, es un solo dios, la fuente de todo lo que es y la razón de todas las cosas, visibles o invisibles. En el próximo capítulo, aprenderá más sobre los orishas, que a menudo son presentados como prueba de un modelo panteísta, lo que no es cierto en Ifá. Ifá es una religión monoteísta, al igual que el cristianismo, el judaísmo y el islam.

En el mundo de Ifá, todos viven en el mundo de Dios, y Dios es todo lo que está dentro del contexto del ser supremo. No hay edificios eclesiásticos. No hay jerarquías. Hay roles realizados por personas elegidas para cumplirlos y hay orishas ordenados por Olodumare para actuar como guías y ayudantes de la humanidad. Orunmila y Obatalá son orishas que desempeñan funciones específicas, según las instrucciones de Olodumare. Es importante señalar que los seres espirituales de orisha fueron creados por Olodumare, como todo y todos los demás.

Si bien es inútil comparar las funciones de los orishas, que son seres espirituales, con las de los ángeles o santos, tal vez sea útil pensar en ellos como aspectos de Dios, enviados a trabajar en nombre de la deidad distante. Esto se explorará con más profundidad en el capítulo tres, pero es útil tener una idea mientras se habla de la adivinación desde la perspectiva de la relación de Dios con la humanidad. Es importante comprender que se está hablando de una fe monoteísta. Para ello, es necesario entender que los orishas no son «dioses», sino más bien facilitadores de Dios y, como Obatalá (sumo sacerdote) y Orunmila (oráculo), emisarios.

Otro factor que obliga a algunos a describir Ifá como una fe politeísta es su ubicación en África. No es raro que Occidente caracterice de este modo erróneo a las religiones africanas. El colonialismo trajo consigo la fe cristiana y parte del proyecto colonialista era imponer esa fe sin concesiones. Por otro lado, está la cuestión de los muchos nombres de Olodumare.

Esta segunda razón para la falacia politeísta con respecto a Ifá es extraña, ya que el Dios de las escrituras hebreas también tiene muchos nombres, desde El-Shaddai hasta YHVH y Elohim. Así pues, es importante comprender que se trata de una interpretación occidental arraigada en la habitual exigencia humana y en una falta general de respeto por las prácticas y creencias ajenas. Esa exigencia humana está en la base de la imposición colonialista del cristianismo a poblaciones que tenían otras creencias religiosas.

Olodumare es el nombre más común en Ifá para el dios creador, pero se han producido variaciones regionales con la difusión de las creencias a otras regiones y partes del mundo. Como se están discutiendo las formas tradicionales de los yoruba, aquí están los nombres por los que Olodumare es conocido en esas comunidades de fe:

- Oriki Edumare
- Oriki Olodumare
- Oriki Olorun
- Oriki Oluwa
- Oriki Odúmare

Como se decida nombrar a Dios no es asunto nuestro, eso queda claro de una forma muy conmovedora el relato del libro del Éxodo. Los nombres de Dios existen para reconfortar al pueblo, dando a Dios un nombre que pueda ser pronunciado como súplica. Sin embargo, lo que es divino nunca puede nombrarse definitivamente, como tampoco puede conocerse o describirse definitivamente, a pesar de los esfuerzos más hercúleos de la humanidad.

## Los atributos de Olodumare

Los atributos de Olodumare son, en gran medida, paralelos a los de Dios en las tres religiones monoteístas. Como creador, Olodumare es también omnisciente, todopoderoso, juez de todo, sin principio ni fin y el lugar de la santidad.

Esos atributos tienen unicidad, realidad, control y unidad completa e inviolable. Olodumare es la realidad misma en la que reside todo lo que existe, pero trasciende lo material y lo creado. Dios, en este modelo, existe por sí mismo en grandeza, como primera causa inmaterial, misterio último y eternidad. De Olodumare fluyen la fidelidad, el amor, la misericordia, la bondad y todo lo que es puro y bueno.

Estos atributos son familiares para los practicantes del islam, el cristianismo y el judaísmo, ya que son los atributos de Dios descritos en sus libros sagrados y en sus prácticas. Esta familiaridad remite al viaje del pueblo yoruba a Nigeria.

Desde la península Arábiga y sus ciudades sagradas, La Meca y Medina, los yoruba atravesaron lo que hoy se conoce como el cercano Oriente para llegar a Egipto. ¿A quién conocieron en ese viaje? ¿De quién absorbieron prácticas culturales? ¿Con quién intercambiaron sus propias prácticas culturales?

Los puntos en común entre el Ifá, el judaísmo, el cristianismo y el islamismo acerca de la naturaleza de Dios y el relato de la creación cuentan una historia fascinante y antigua. La caldera burbujeante del cercano Oriente encierra innumerables misterios. La trayectoria migratoria de los yoruba insinúa algunos de ellos.

Pero cuando se habla de una religión de 8.000 años de antigüedad (más antigua incluso que la primera de las religiones monoteístas del cercano Oriente, el judaísmo) que existe en un mundo antiguo y volátil, los hilos de la historia pueden enredarse. Cualquier religión relacionada con el antiguo cercano Oriente ha recogido y dejado tras de sí diversas impresiones y expresiones como parte de su viaje a través del tiempo y de territorios tan ricos en religiones.

## No se venera al dios distante

Aunque Ifá es una fe monoteísta, Olodumare no es adorado expresamente en Ifá. Más bien, el culto se dirige a los emisarios del Dios distante, los orishas. Alejada de la humanidad, la presencia de Olodumare se celebra a través de los seres espirituales creados para representarlo y los marcos rituales establecidos para tal fin, especialmente la adivinación.

El siguiente capítulo trata de los orishas y sus homólogos, los *ajogun*. A través de los orishas, la humanidad redescubre el estado al que aspira. Vuelve a la intención de Olodumare al crearlo mediante la comunión con los orishas a través de la agencia del *babalawo* o *iyalawo*.

# Capítulo 3: Emisarios y tropiezos

En la religión Ifá, al igual que en sus ramas del Nuevo Mundo (santería, voudon, etc.), los orishas son el vínculo de la humanidad con la razón divina en el centro del universo. Habiéndose desplazado fuera del alcance de los humanos, Olodumare da a conocer su presencia a través de los orishas, que se erigen como representantes, emisarios, enlaces vivientes y consejeros que interceden en los asuntos humanos en nombre del creador.

Sin embargo, en la cosmología de Ifá, el mundo tiene un lado sombrío que se expresa en la presencia de los *ajogun*. Mientras que los orishas son emisarios y ayudantes, los *ajogun* son los escollos del cosmos, que extravían a la humanidad con malas intenciones.

Averigüemos más sobre estas dos caras de la configuración cosmológica de Ifá y lo que significan en el contexto de la religión, empezando por la cara luminosa.

## Los números pueden variar - Los orishas

La tradición de Ifá insiste en que hay tantos orishas que no se pueden contar. Al mismo tiempo, en general se acepta que son 400 más uno. Esto no significa que haya 401 orishas, sino que 400 más uno es una expresión de ilimitado en el contexto de Ifá. La verdad es que el término orisha abarca una amplia variedad de entidades espirituales, incluyendo espíritus de la naturaleza que pueden ser apelados regionalmente, pero que son desconocidos en el contexto mayor de Ifá. En breve hablaremos de algunos de los orishas, conocidos como las siete potencias africanas, pero es importante recordar que la tradición de Ifá numera a los orishas de diversas maneras. Dependiendo de la tradición oral de cada comunidad específica y de cada fuente, pueden ser 400 o 1.400. El punto es que los orishas son numerosos y, debido a que representan a Olodumare, el misterio tiene sentido.

Como se ha señalado, hay pocas luces en la comparación de las entidades espirituales de Ifá con las de otros sistemas de fe. Ellas son lo que son y se las conoce a través del sistema religioso del que forman parte vital.

La descripción más convincente de los orishas es la de emisarios de los atributos y la voluntad divina. Sin embargo, la mayoría de los orishas fueron una vez como nosotros: seres humanos. Habiendo pasado al mundo de los espíritus, su destino era servir a Olodumare como emisarios y agentes ordenadores. Si se tiene en cuenta la inmensidad de semejante encargo y la fuente sagrada de la que provenía, no es de extrañar que no exista un número definitivo de orishas.

## Los *ajogun*

Toda cosmología necesita equilibrio. Sin oscuridad, ¿cómo puede distinguirse la luz? Sin el mal, ¿cómo se conoce y define el bien? Ifá no es una excepción a esta regla y el agente equilibrador son los *ajogun*.

Los ocho *ajogun* explican el problema del mal en Ifá, ya que siembran la enfermedad, la discordia, las luchas, la miseria, la muerte y el caos en la vida humana. Cuando se presentan, se busca la ayuda de la comunidad para repelerlos con el apoyo de los sabios *babalawo* e *iyalawo*.

Se sabe que en este mundo no todo es, ni mucho menos, bueno. La tradición judeocristiana explica este déficit de la creación con la caída de la humanidad en el Jardín del Edén. En Ifá, el mal en la creación se explica por estos espíritus canallas.

A diferencia de los orishas, los *ajogun* no son de origen humano. Nunca fueron como nosotros. Más bien expresan los aspectos negativos del mundo natural y la adversidad a la que se enfrenta toda vida humana.

Antes de conocer a algunos de estos emisarios y tropiezos, hablemos de una presencia inusual en la cosmología de Ifá: la de Eshu, el mensajero divino y espíritu de la encrucijada.

## El mensajero divino de Olodumare

Uno de los orishas presente en la creación de Ifá y, por tanto, primordial, es Eshu, el agente ordenador que media en la encrucijada entre la vida y la muerte. Conocido por la picardía, la muerte, la desgracia y el engaño, Eshu ocupa un lugar especial en la cosmología de Ifá. Garante del orden y el equilibrio, Eshu es el director de las comunicaciones entre la humanidad y Olodumare y el guardián de las comunicaciones con los orishas.

También se encarga de hacer llegar los sacrificios a los recintos celestiales para los orishas a los que van destinados. Pero como Eshu se encarga del equilibrio, también distribuye las ofrendas sacrificiales que se hacen a los *ajogun*.

Uno de los principales rasgos de Eshu es que oscila entre el bien y el mal. Por eso, a veces es considerado tanto orisha como *ajogun*. Sin embargo, la verdad definitiva es que no es ninguno de los dos. Eshu representa el equilibrio continuo en la creación, dispensando los extremos de la existencia humana según su capricho. Es tan impredecible como la vida humana y recuerda a los practicantes que «a la gente buena le pasan cosas malas».

Debido a esta imprevisibilidad, Eshu es conocido por más de 200 nombres, que hablan de la diversidad de acciones de las que es responsable. A veces se le conoce como «vengador» de las malas acciones, pero también se sabe que obliga a los humanos a hacer el mal con fines desconocidos. Eshu preside la muerte y castiga a los malvados, situándose en la encrucijada como guardián de Dios y guiando a los muertos hacia el siguiente capítulo de la vida.

Ahora que tiene una idea de la cosmología de Ifá, echemos un vistazo a algunos de los principales personajes de esa cosmología, comenzando con los orishas.

## Orishas principales

Como este libro pretende introducir la adivinación de Ifá, se limitará a las siete potencias africanas. Estos son los principales orishas de Ifá y son razonablemente consistentes en todas las comunidades de Ifá, dondequiera que se encuentren.

Los siete poderes africanos también están presentes en las ramificaciones de Ifá en el Nuevo Mundo, como el voudon, el candomblé y la santería. Estos siete son los más poderosos y evocadores y, por lo tanto, los más venerados de todos los orishas:

1. Orunmila
2. Obatalá
3. Oshun
4. Ogun
5. Yemaya
6. Shango
7. Elegua

De estos siete, Shango es venerado como el «rey» de los orishas, un poderoso y temible orisha encargado de administrar y desplegar el trueno. Como ocurre con todo lo que se refiere a desentrañar la complejidad de esta antigua religión, los siete poderes africanos pueden aparecer de forma diferente en distintos entornos; por ejemplo, en Cuba, Babalu-Aye se incluye en lugar de uno de los siete enumerados anteriormente.

Existe cierto debate sobre el estatus de estos siete orishas, mayoritariamente centrado en el presunto sincretismo que Ifá experimentó bajo el colonialismo. Pero, al igual que ocurrió con la santería en Cuba, la Iglesia católica solo fue apaciguada por los practicantes de Ifá. Los santos de la Iglesia se superpusieron, sin oscurecer nunca la identidad original de los orishas enmascarados por el deseo del colonialismo. Las siete potencias africanas no son, como algunos sugieren, santos católicos que «no son orishas». Más bien, son orishas que fueron ocultados a la Iglesia usando su propia iconografía para así preservarlos en su forma original, no colonizada.

1. **Orunmila**

   En la narrativa de la creación de Ifá, conocimos a Orunmila, el vínculo con Olodumare a través de la adivinación. A través de Orunmila la humanidad recibe el don de la espiritualidad y la comunicación con la divinidad y el acceso al plan divino para su vida.

   Orunmila es el orisha de la sabiduría y la profecía y se mueve entre la humanidad como consejero espiritual. También es cocreador, junto con Obatalá.

2. **Obatalá**

    De nuevo, hemos conocido a Obatalá en la historia de la Creación. Obatalá actuó como las «manos» de Olodumare en la creación del universo. Obatalá es el Orisha primordial, conocido en Ifá como cocreador y escultor original de la humanidad. Como ya se dijo, Obatalá dio forma al ser humano, pero Olodumare le infundió vida. Los yoruba dicen que sigue formando a los humanos en el vientre materno.

3. **Oshun**

    Esta orisha femenina preside los ríos de la creación. Representa la fuente del amor divino, la fertilidad, el amor humano, el romance y la dulzura de la vida. Es venerada por su dulzura y temida por su temperamento. Tan voluble y de doble filo como el agua misma, el amor de Oshun puede convertirse en ira cuando no se la respeta.

4. **Ogun**

    Se cree que Ogun, que preside los metales y los manipula mediante la alquimia, está hecho de hierro. La especialidad de Ogun es la curación, pero a veces también se ve obligado a destruir. La fuerza es la vibración de Ogun y tiene un lugar especial en su reino espiritual para las familias. Los niños, especialmente, son protegidos por él.

5. **Yemaya**

    Otra mujer orisha, Yemaya, se encarga de la administración del agua, como Oshun. Mientras que Oshun reina sobre los ríos, Yemaya lo hace sobre los océanos. Protege a las mujeres, a los niños y a quienes se adentran en el océano para pescar y viajar. Como Oshun y el agua misma, Yemaya es impredecible. En todo caso, reserva su cuidado más tierno para las mujeres maltratadas que claman por ayuda y seguridad.

6. **Shango**

    El orisha del trueno, Shango, es intensamente masculino. Imparte justicia con sus rayos y truenos y es el arquetipo del héroe y protector masculino. También es viril y se sirve de las orishas femeninas para su placer. Es venerado como un antiguo rey de los yoruba que se convirtió en orisha tras su muerte. Alguna vez fue uno de los líderes humanos más poderosos, es considerado un orisha de temible potencia.

7. **Elegua (Eshu)**

   Finalmente, tenemos a Elegua (Eshu, el mensajero divino). Aunque es único entre los orishas y no es estrictamente uno de ellos (véase mensajero divino de Olodumare en este mismo capítulo), es uno de los siete poderes africanos. Elegua preside la encrucijada donde convergen la vida y la muerte, es un embaucador y el guía oficial de los recintos del más allá. Este director de comunicaciones permite a la humanidad contactar con los orishas y, por extensión, con la Olodumare.

## Sin el mal, ¿qué es el bien?

Al igual que cualquier otro sistema religioso, Ifá se acomoda al problema del mal. En las escrituras hebreas, el Libro de Job resuelve este problema explicando por qué le suceden cosas malas a la gente buena.

La estrategia de Ifá respecto al problema del mal no es muy diferente de la del judaísmo ultraortodoxo: devoción, oración y rituales. Y como creen los *haredim* del judaísmo, la integración de la creencia religiosa en la vida cotidiana es fundamental. Las 613 *mitzvot* son un recordatorio constante del deber espiritual, al igual que los dieciséis mandamientos y las 263 odus en Ifá.

El planteamiento de Ifá sobre el bien y el mal es bastante similar al del judaísmo
*https://unsplash.com/photos/7a79GN3AZMM*

La cosmología yoruba ve la creación como una calabaza cortada por la mitad. Debido al comportamiento ofensivo de la humanidad en los recintos celestiales, que obligó a Olodumare a mudarse, vivimos en una sola mitad. Olodumare y los orishas (al igual que los antepasados) viven en la mitad «celestial» de la creación, muy lejana de esta. Entre estas dos mitades residen los *ajogun* y otros espíritus malignos.

Sin la ortopraxis (acción correcta), la devoción ritual y el culto de oración de los devotos de Ifá, los *ajogun* causarían estragos, desorganizarían la creación y sembrarían el caos. Al igual que los *haredim* del judaísmo, los seguidores de Ifá creen que consagrar su vida diaria a Dios evita que la creación se descontrole con la incursión del mal.

Una constante en la cosmología de Ifá es la propia muerte, enmarcada como parte inevitable de la vida humana e inseparable de ella. Para los yoruba la muerte es inevitable, indivisible, pero no el fin de nada.

La muerte es, de hecho, una puerta de entrada a otro capítulo de la vida que tiene lugar en la otra mitad de la calabaza. Sin embargo, la muerte tiene distintos valores según el momento de la vida en que se produzca. Por ejemplo, la muerte de un anciano es recibida con júbilo. Esto no se debe a que el anciano haya muerto, sino a que ha vivido su búsqueda terrenal de la santidad. En el caso de la muerte de niños o bebés, la comunidad reacciona con tristeza. Esa tristeza tiene poco que ver con la edad, excepto porque la muerte temprana priva al alma del camino hacia la santidad y la santificación. La muerte debida a un accidente o a la interferencia humana (asesinato) se considera de forma similar.

La muerte de los niños se atribuye a veces al principio del «*abiku*», según el cual hay niños que reencarnan y nunca están destinados a alcanzar la edad adulta. Esto se considera una negación perpetua de la ascensión del espíritu y, por tanto, una maldición. *Abiku* se traduce como «niños espíritu» (niños a los que se les ha negado la plenitud de su potencial espiritual).

La cosmología de Ifá no reconoce ningún «juicio final». Más bien, la vida que vive cada uno es su propio testamento, tipificado por el vicio o la virtud. La comunidad recuerda a alguien por lo que ha hecho en la vida, indicando la verdad de sus viajes espirituales en la Tierra y sus lecciones aprendidas. La forma de comportarse indica cómo se pasa al siguiente capítulo.

Sin maldad, no hay bondad. No se puede entender lo que se considera «bueno» sin un punto de referencia del mal como yuxtaposición. Así, la cosmología de Ifá está íntimamente ligada al problema del mal y al papel crucial de la humanidad para contenerlo. Con los *ajogun* representando el mal natural, una especie de contaminación de la creación, el Olodumare divino se separa de nosotros. Este muro inmaterial del mal separa las dos mitades de la calabaza. Ifá enseña la vida digna, la acción justa y la devoción intensa para gestionar la presencia de ese muro.

En el siguiente capítulo se exploran las herramientas de Ifá. Estos son los componentes físicos de la adivinación tal como fueron transmitidos en la creación y desarrollados por la humanidad mediante el consejo de Orunmila. Veamos cómo los *babalawo* e *iyalawo* trabajan con estas herramientas para guiar y aconsejar a sus comunidades y hacerlas avanzar en sus viajes espirituales.

# Capítulo 4: Las herramientas de Ifá

Este libro explora una religión de 8.000 años de antigüedad, Ifá, que es compleja y con la que no se debe jugar. Si se siente atraído por Ifá, rezamos para que su viaje sea bendecido. Sin embargo, aunque así sea, Ifá requiere una intensa iniciación que comprende varias etapas y un complejo conjunto de ceremonias. Algunas de estas ceremonias son privadas y secretas para los practicantes de la religión. Aunque decida iniciarse en Ifá, no utilizará las herramientas descritas en este capítulo, que están expresamente reservadas para el uso del *babalawo* o *iyalawo*, quien ha estudiado y entrenado por muchos años para ascender al estatus de maestro y guía espiritual.

En esta era de gratificación instantánea, nuestra intención no es hacer proselitismo, sino informar; no dar licencia a los diletantes, sino compartir el conocimiento por el bien común. Gracias por respetar las prácticas de esta antigua religión y sus imperativos en relación con la pertenencia y el liderazgo.

El fundamento de la adivinación es el *Odú*, el verso al que el *babalawo* o *iyalawo* es guiado por el lanzamiento de la adivinación. La adivinación revela el *odú* como respuesta a la pregunta del suplicante, una solución al desafío por el que se practica la adivinación.

## El *babalawo* o *iyalawo*

El sacerdote erudito es el corazón de Ifá, que construye sobre el puente comunicativo representado por Orunmila, el espíritu de la sabiduría. Orunmila, a su vez, comunica todo a Olodumare cumpliendo el papel de enlace de comunicación espiritual entre la humanidad y la divinidad. El rol del sacerdote solo se alcanza tras un largo periodo de formación e iniciación: según algunos, quince años.

El sacerdote es el «Padre o madre de los misterios», que adivina la voluntad de Dios en las vidas de aquellos a los que aconseja. El *«ori»* o «cabeza» es el objeto del trabajo del sacerdote, que sirve a los destinos individuales de los miembros de la comunidad y les pide que apliquen la intuición y el intelecto a los retos y preguntas de la vida.

*Ori* es la chispa divina en la humanidad. Por este motivo, es análogo de los orishas del cuerpo humano. Así, mientras los yoruba dicen que Olodumare les ha infundido vida, la chispa de esa vida está en los atributos divinos representados por los orishas. Debido a la separación de Olodumare de la humanidad, el estatus de la chispa divina no es directamente divino, sino mediado por sus atributos en la creación.

Mientras que los sacerdotes de Ifá no son necesariamente seleccionados para la vocación en la infancia, los dones espirituales de los niños indican «material para ser sacerdotes». El papel profético del sacerdote en la adivinación es el de la «visión clara», que conecta a los *ori* de la persona que busca consejo con la voluntad divina y el poder de los orishas a través del espíritu de sabiduría, Orunmila.

Orunmila puede ser considerado como el primero de los sacerdotes. Habiendo dado a los seres humanos el don de la adivinación para determinar la voluntad divina de sus vidas, es el primero de una larga serie de sabios maestros, profetas y consejeros.

El papel del *babalawo* o *iyalawo* no se limita a la adivinación, es principalmente un recurso comunitario, que comparte el don de Orunmila con los fieles. Es un chamán que busca la paz para toda la humanidad, no solo para los practicantes de Ifá. Su encargo no es solo para quienes comparten sus creencias, sino para todos los seres humanos. El *babalawo* o *iyalawo*, chamán, curandero tradicional y sanador de almas y cuerpos, es el centro de la vida religiosa de Ifá y el vínculo vivo con el pasado, el futuro y el reino celestial de los espíritus.

En la adivinación, el *babalawo* influye en el estado de los problemas o desafíos en la vida de los miembros de la comunidad, solicitando la intervención de Orunmila y otros orishas relacionados con la persona en cuestión o el problema específico. El *babalawo* tiene el poder de influir en los resultados invocando esta intervención, cambiando los resultados por unos más favorables para el miembro de la comunidad.

# Sacerdotisas - Tradición, no innovación

En la mayoría de las tradiciones espirituales y religiosas, las mujeres han sido marginadas a ser laicas (quienes no han sido ordenadas para servir a la comunidad). A pesar de los indicios que aparecen en las escrituras de religiones como el cristianismo, donde las mujeres desempeñaron funciones de servicio en el estrato más primitivo de la tradición, esta es la verdad universal.

Las mujeres desempeñaban un papel importante como sacerdotisas
https://unsplash.com/photos/xZgkFQ4Hijc

Por ejemplo, fue la «diaconisa Febe» (Romanos 1:2) quien llevó la carta a los romanos (que más tarde se convertiría en un libro de las escrituras cristianas) a la comunidad de Roma. Al llevar la carta, fue Febe quien se presentó ante la comunidad religiosa para leer su contenido, escrito por Pablo. Si bien se da por supuesta esta última función de la diaconisa del siglo I, el papel clerical del diácono incluye la transmisión de información importante a la comunidad por parte del obispo. Pablo no era obispo, ya que no existían en esa época, pero el diácono moderno lleva los mensajes episcopales y los entrega a las parroquias de una diócesis determinada.

Principalmente por la prohibición social en Roma (las mujeres estaban relegadas a una posición inferior que la de los esclavos) las mujeres fueron marginadas de las funciones de liderazgo en la Iglesia posterior, cediéndolas a los hombres. Solo hasta el siglo XX las mujeres empezaron a recuperar su papel de líderes en el culto sacramental y en el servicio a sus comunidades.

Sin embargo, la historia del liderazgo femenino en Ifá es muy diferente. Está inscrita en las tradiciones orales de la religión, en la persona de la hija de Orunmila. Se cuenta que le preguntaron a Orunmila por qué no iniciaba a su hija, Alara, en Ifá. Él respondió que no podía debido a su sexo. Le corrigieron y le hicieron saber que las mujeres tenían tanto derecho a estudiar Ifá como los hombres. A partir de entonces, las mujeres fueron iniciadas en el sacerdocio.

## *IyanIfá* e *iyalawo*

Aunque estos dos términos para describir a las mujeres sacerdotisas se utilizan para definir a todas las mujeres que cumplen esta función (especialmente en Internet), existen algunas diferencias entre ambos.

«*IyanIfá*» es el término más común e indica la administración del conocimiento de Ifá y el empoderamiento cultural requerido para dedicarse a la adivinación. «*iyalawo*» es un término con un significado más poderoso.

«*Iyalawo*» se usa para indicar a una persona que ha sido agraciada con dones espirituales discernibles, atribuibles al dios creador, Olodumare, a través de la esposa de Orunmila, *Odú*, de quien algunas ramas de la fe creen que compartió la adivinación con Orunmila. *Odú* se considera la fuente de *ashé* (el espíritu de la humanidad vuelto hacia Dios y la fuerza vital). Ella es el *iyalawo* primordial. En esta interpretación está el profundo llamado a las mujeres en Ifá a tomar el manto del sacerdocio.

Ahora, veamos las herramientas de adivinación, qué son, cómo se usan y su significado.

## *Opele* - La cadena adivinatoria

La asistente de Orunmila, la cadena de adivinación recuerda la forma de la cadena por la que los orishas (incluyendo a Orunmila) viajaron al reino terrenal desde el cielo. En su función adivinatoria, el *opele* cumple el mismo propósito figurativo, es el enlace entre las dos mitades de la calabaza cosmológica de Ifá.

El *opele* es la herramienta adivinatoria más utilizada, sobre todo para asuntos cotidianos como el dinero, el sexo, el trabajo, la familia, las relaciones amorosas o las disputas entre vecinos.

Lo utilizan los *aseda* y los *babalawo* e *iyalawo*, que pueden compararse con los diáconos en la jerarquía clerical cristiana, atendiendo las necesidades diarias de la comunidad espiritual, en contraposición a las necesidades sacramentales que satisfacen los sacerdotes.

El *opele* consiste en ocho nueces del árbol *opele*, divididas por la mitad y ensartadas a intervalos iguales en una cadena.

La cadena se sujeta por el centro y se balancea suavemente. Luego se coloca sobre un paño delante del sacerdote. Con un solo movimiento, el sacerdote crea un patrón, que luego interpreta de forma que corresponda con un *odú* (verso) de la tradición oral de Ifá, que luego se recita.

La adivinación con *opele* es parte de un estilo de vida en el que la comunidad se realinea con el creador, tomando sus vidas en sus propias manos al buscar el consejo del sacerdote mediante la adivinación. Ifá es primordial en la fe y también en el estado espiritual general de la humanidad. En la cadena de adivinación, los practicantes encuentran las soluciones a sus problemas y pueden resolverlos con el consejo de Orunmila a través del sacerdote.

## *Ikin* (nueces de cola)

Las *ikin* son nueces del árbol tropical cola, llamado «*obi*» u «*obi abata*» en lengua yoruba. La variedad *obi obata* de la nuez de cola es sagrada para Ifá. Este tipo de nuez, de la familia cola, consta de cuatro lóbulos, que son los que se utilizan en adivinación. La *obi* de cuatro lóbulos también se conoce como «*iya obi*» o «madre *obi*».

**Nueces de cola**

Chinenye N., CC BY-SA 4.0 <https://creativecommons.org/licenses/by-sa/4.0>, vía Wikimedia Commons https://commons.wikimedia.org/wiki/File:Red_and_yellow_kola_nuts.jpg

El *obi* de cuatro lóbulos se utiliza en adivinación debido a la percepción de equilibrio entre las energías masculinas y femeninas, con dos lóbulos que representan el sexo masculino y dos el femenino. El número cuatro representa la estabilidad y la consistencia inherentes al equilibrio de las energías.

Solo cuando se abre el *obi* quedan al descubierto los cuatro lóbulos. Se distinguen como masculino o femenino por las marcas que tienen en el centro. Una sola línea que termina en un punto indica el sexo masculino. Para lo femenino, la línea se divide en dos, dando lugar a una forma de «y».

La metafísica de la religión Ifá especifica que todas las energías son divisibles en masculina y femenina, pero la distinción no solo se refiere a las especificidades del sexo. La dicotomía masculino/femenino de la realidad energética en Ifá es un punto de referencia para entender la energía como una simulación espiritual del sexo dicotómico de los mamíferos.

Todos los atributos habituales asociados a los dos sexos están presentes en las interpretaciones energéticas de Ifá, sin tener asignado un valor según el sexo que describen. Mientras que la energía masculina se tipifica habitualmente como expansiva y abierta, la femenina se describe como circunscrita y cerrada; esta religión no atribuye estas cualidades al sexo en cuestión ni emite juicios de valor sobre las energías consideradas «negativas» o «positivas». Las energías indicadas simplemente «son», sin atribuirles ningún valor arraigado como el propio sexo. En Ifá, la energía es solo energía.

## Interpretación de los lóbulos

La adivinación *iya obi* se realiza con los lóbulos y se interpreta la forma en que caen en la bandeja de adivinación (que se expone a continuación). Son fundamentales en la interpretación las marcas en el lóbulo y la forma en que cae. Cuando la marca es visible después de que el lóbulo cae, se lee como «abierto». Cuando no es visible, se interpreta como «cerrado». En el nivel básico de la adivinación *iya obi*, la forma en que cae el lóbulo *iya obi* es toda la historia. En los niveles más sofisticados de adivinación, el «sexo» del lóbulo entra en juego, añadiendo otra capa de interpretación. En este nivel de adivinación, las secciones abiertas se registran como «O» y las cerradas como «X».

Para la adivinación se seleccionan las nueces de cola que tienen cuatro lóbulos, pero también las que están más frescas. Cuando las nueces llevan un tiempo, pueden empezar a agrietarse, dejando visibles los lóbulos internos. Estas nueces no pueden utilizarse en adivinación.

En el *iya obi* también se utiliza una bandeja de adivinación. Tradicionalmente hecha de madera, la bandeja está tallada por artesanos dedicados a la producción de artículos sagrados. Las intrincadas tallas pretenden honrar el trabajo del sacerdote.

La bandeja invoca al mensajero divino, Elegua o Eshu, para facilitar la comunicación con Orunmila y, a través de él, con los demás orishas. La bandeja se cubre con un polvo blanco llamado «*iyerosun*» (polvo adivinatorio). Este polvo es producido por las termitas que se alimentan del árbol *iyerosun*. Sin el uso de este polvo, la adivinación con el *opon* Ifá no puede ocurrir. El *iyerosun* es un componente fundamental del sistema de adivinación de Ifá.

## *Opon* Ifá, ungido con *iyerosun*

Al igual que el *opele*, el *opon* Ifá se utiliza para descubrir el *odú* (verso o historia), indicado por la posición de los lóbulos de la nuez de cola cuando caen y el movimiento del polvo de *iyerosun* que resulte de la caída de los lóbulos.

Las tallas alrededor del perímetro del *opon* Ifá son más que decorativas. Indican nueve secciones distintas para apoyar la interpretación del *iya obi* y el *iyerosun*. Cada una de estas secciones representa la persona de un antiguo adivino venerado.

El trabajo del sacerdote consiste en determinar el *odú* indicado lanzando lóbulos de nuez. Los 256 *odú* tienen todos un lugar en la adivinación, determinado por el lanzamiento y las marcas que quedan en el *iyerosun*. El *odú* indicado también determina la naturaleza de las ofrendas que se aplican al problema de cada sesión. El *odú* también se asocia con espíritus y situaciones individuales. Del mismo modo que hay un número limitado de líneas argumentales basadas en temas y problemas humanos comunes, existen desafíos vitales prototípicos indicados por el *odú* y buscados en la adivinación.

Como ya se ha mencionado, el *opele* se utiliza a veces en adivinación con el *opon* Ifá. El *opele* suele emplearse para discernir la marcha de asuntos menores. Los problemas y desafíos de mayor peso se abordan utilizando el *iya obi ikin*.

# Un plan de vida

El propósito de la adivinación es la eventual perfección y purificación del alma humana, refinada en el contexto práctico y a menudo desafiante de la vida. La adivinación, el don de Olodumare a través del oráculo, Orunmila, es un vínculo con la dirección divina a través de los orishas. Recurrir a esta práctica en busca de orientación y reflexión, como disciplina vital, proporciona información valiosa para mejorar la vida humana.

De todas las características de la adivinación de Ifá, tal vez la más sorprendente sea la orientación capaz de cambiar el curso de la vida. Los yoruba no creen que la vida humana promedio sea azotada por los caprichosos vientos del universo (con notables excepciones como los «niños espíritu», encerrados en un ciclo de eterna inmadurez). Por el contrario, creen que el individuo está capacitado para cambiar el curso de su vida, tomando las riendas y haciéndose cargo de ella.

Esto puede sonar sospechosamente parecido a la afirmación del posmodernismo de que podemos crear la realidad, pero el marco filosófico y la cosmología de Ifá presentan la idea del empoderamiento personal de forma diferente. La adivinación responde a las preguntas humanas con la experiencia ilimitada de los orishas, emisarios de Dios. La adivinación busca el *odú* que encaja y la persona que pregunta busca consejo y respuestas. Sin embargo, esas respuestas deben ser llevadas a la vida para representar un cambio genuino y profundo.

En Ifá, el cambio no es opcional cuando se requiere. El cambio es responsabilidad de cada practicante, porque lo que hace el individuo repercute en la coherencia y la cohesión de la comunidad. Con la persona que se resiste al cambio ocurre lo mismo que con un guijarro que cae en un charco y desplaza y cambia el agua. No hay excusa en Ifá para negarse a seguir el consejo del sabio *babalawo* o *iyalawo*, que actúa como conducto con el mundo de los espíritus. Hay un mandamiento al respecto.

Mientras que el posmodernismo aconseja el cambio solo en beneficio del individuo, sin acomodarse a nada ni a nadie, Ifá aconseja el cambio en beneficio del individuo en una comunidad material y espiritual. En la comunidad material, solo la bondad y la decencia mantienen la fuerza del tejido. En la comunidad espiritual de los orishas y los antepasados, ocurre lo mismo. Las acciones individuales y los desafíos impactan ambas mitades de la calabaza cósmica con la misma fuerza.

El trabajo de adivinación es mucho más grande que cualquier sacerdote o miembro de la comunidad en busca de orientación y mejoría de la vida. Es más grande que discernir el camino a seguir de la comunidad en el liderazgo o buscar la voluntad de la divinidad en asuntos de conflicto y desarmonía. El trabajo del don divino inspirado por Orunmila es la unión entre las dos mitades de la calabaza, que una vez se separaron por el mal comportamiento, la grosería y el desprecio de lo sagrado.

A lo largo de la vida, los practicantes de Ifá se construyen a sí mismos como personas recordadas con afecto y respeto y acogidas por el mundo de los espíritus. La adivinación es la herramienta que dibuja este proyecto de vida, espiritualizando lo material y materializando lo espiritual. La adivinación es la curación de la creación y la curación de las almas humanas.

El capítulo cinco trata sobre el lanzamiento del *ikin*. Descubrirá cómo el *opon* Ifá y el *iyerosun* interpretan las configuraciones resultantes para llegar al *odú* correcto de cada sesión de adivinación.

De nuevo, como recordatorio, lanzar el *ikin* no es algo que puedan hacer los no iniciados (aquellos que no son miembros de Ifá). Incluso los practicantes de Ifá deben ser iniciados en el sacerdocio de los *babalawo* o *iyalawo* para practicar la adivinación. Por favor, respete los principios y prohibiciones de esta antigua religión mientras disfruta de su viaje de descubrimiento.

# Capítulo 5: Cómo se lanza Ifá y una introducción a *Odú Ifá*

*«Ética Yoruba: Convertirse, a través del ritual, en un ser que sabe más y entiende más, en una persona que vive más y es más».*

## *Ulli beier*

Algo importante sobre la adivinación y la interpretación del *ikin* y el *iyerosun* es el *odú* mismo y lo que lo acompaña. Hay que hacer muchos cálculos complejos según los signos que aparezcan en el *opon* Ifá. Estos determinan no solo el *odú*, sino también los regalos y sacrificios requeridos para lograr el efecto o favor que se busca.

La fundición de los lóbulos de la nuez de cola es una empresa complicada y con una fórmula precisa que exige un dominio impresionante de las herramientas utilizadas. Hay muchas partes implicadas y una de ellas es el *odú* (del que hablaremos más adelante), el verso indicado por la fundición. La aplicación del *odú* al problema que se presenta ayuda al interrogador a conectar los puntos implicados. La intervención de los orishas a través del *babalawo* o *iyalawo* y Eshu, el mensajero divino, es mediada por el sacerdote humano. El sacerdote lee, considera y reproduce el *odú* que se le ha manifestado en el *opon* Ifá.

Esto no es una «lectura psíquica». La adivinación Ifá es un sistema complejo de signos, oración, alabanza, intención, ritual e interpretación, que requiere un adivino sensible y un suplicante receptivo, ambos enfocados en adquirir información para que el individuo avance (y por lo tanto la comunidad) espiritualmente.

## Preparación del *opon* Ifá y el *ikin*

El sacerdote y el suplicante deben sentarse en el suelo y el *opon* Ifá delante del *babalawo*, con el «pie» de la bandeja más cerca de él. El sacerdote debe mirar hacia el este. El *iroke* Ifá, herramienta utilizada únicamente en la adivinación *ikin* u *opon* Ifá, está al lado del sacerdote. Este golpeador se utiliza para invocar a Eshu y Orunmila golpeándolo en el costado del *opon* Ifá. Esto también invoca a los nueve adivinos venerados antiguamente que están representados alrededor de los bordes del *opon* Ifá. La bandeja debe ser untada previamente con *iyerosun*. Este polvo se divide en nueve secciones, correspondientes a los nueve grandes adivinos. El *babalawo* o *iyalawo* alaba a estos venerados ancestros.

El sacerdote debe tomar los lóbulos del *ikin* con la mano derecha y cambiarlos a su mano izquierda. Como son dieciséis en total, y pueden ser bastante grandes, las nueces de cola empezarán a caer. Cuando solo quedan uno o dos lóbulos en la mano izquierda, el sacerdote está listo para lanzar. Si quedan más de dos lóbulos, debe repetir el proceso de agarre hasta que solo queden uno o dos lóbulos de nuez de cola.

## Fundición

Los lóbulos se lanzan cuando solo quedan una o dos nueces de cola en la mano del *babalawo* o *iyalawo*. Si queda una, se marca el *iyerosun* con dos trazos verticales. Si quedan dos, se marca el polvo con dos trazos horizontales.

Este proceso se repite ocho veces, dando como resultado varias configuraciones que significan cosas diferentes, dirigiendo al sacerdote hacia el *odú* apropiado. Esto se determina por las marcas que quedan en el *opon* Ifá, que revelan la naturaleza del *odú*. En todo caso, el motivo del suplicante para solicitar una sesión de adivinación también influye en el discernimiento del sacerdote.

Cuando las marcas del lado izquierdo del *opon* Ifá coinciden con las del lado derecho de la bandeja, se revela el *odú*. Todas estas marcas se refieren a *odú* específicos, que aparecen en partes específicas del corpus de Ifá.

Hay nombres y símbolos que corresponden a cada *odú*, con líneas simples que denotan la posición «clara» o abierta y las líneas dobles que representan la posición «oscura» o cerrada (como se discutió en la sección sobre *ikin* en el capítulo cuatro). Sin embargo, hay dos conjuntos de signos que pueden producirse en el lanzamiento del *ikin*.

El segundo conjunto de símbolos consiste en el «0» y el «1» binarios, con el 0 representando la posición «oscura» o cerrada y el 1 representando la posición «clara» o abierta. Se conocen como *«meji» odú*. Este segundo conjunto de signos solo se utiliza cuando se emplea el *opele* (cadena de adivinación) para realizar el lanzamiento.

La interpretación y el proceso de lanzamiento pueden parecer bastante sencillos a primera vista. En realidad, es un asunto complejo que requiere muchos años de formación. Como parte de su iniciación, los sacerdotes deben memorizar el *Odú Ifá*.

Con sus 256 *odú*, esta colección de conocimientos espirituales se amplía y crece constantemente. No existe un proceso de canonización y, con el tiempo, parte de la información contenida en el *Odú Ifá* se ha perdido. Sin embargo, la revelación al pueblo es algo continuo. No se detiene cuando una organización jerárquica lo decide, porque la conversación entre Olodumare y la humanidad es continua y eterna.

Dentro de cada uno de los 256 *odú* hay «*ese*», y puede haber hasta 800 en cada *Odú*. En los *ese*, la conversación es más vibrante, ya que se añaden constantemente para reflejar nuevos conocimientos. Por ese motivo, no existe un recuento exacto de cuántos hay. Así, imagine que el sacerdote debe memorizar toda esta información para estar preparado para ofrecer a los suplicantes una sesión de adivinación precisa. (Ver los recursos para el enlace a una tabla con los símbolos de cada *odú* en el *Odú Ifá*).

A continuación, se explora el *Odú Ifá*, lo que significa y su papel en la adivinación de Ifá.

## El *Odú Ifá*

La comprensión de Ifá tiene sus raíces en el *Odú Ifá*, una colección de parábolas e instrucciones que establecen directrices para una vida ética. Se dice que el *Odú Ifá* es una colección de códigos binarios (véase el segundo grupo de símbolos más arriba, que son literalmente «0» y «1»). Estos códigos expresan la totalidad de la energía universal que recorre las dos mitades de la calabaza cósmica de Ifá.

Esta energía da vida a todo y en ella residen todas las permutaciones de la vida humana y sus desafíos. La fortuna y la desgracia, la bendición y la maldición, el nacimiento y la muerte y todo lo demás se encuentra en este libro de sabiduría ética, moral y espiritual.

Los dieciséis *odú* principales (*meji* u *oju odú*) son los primeros. Los otros 240 *odú* son elaboraciones y comentarios sobre los dieciséis principales. En los *odú* están las claves para vivir bien y la sana espiritualidad que acompaña a una buena vida. Los *odú* son oráculos en sí mismos.

Cada *odú* contiene información detallada sobre la solución a los problemas y desafíos de la vida, con instrucciones sobre cómo cada suplicante debe acercarse a la solución, incluyendo los rituales indicados, las respuestas medicinales y los sacrificios necesarios para lograr una respuesta que complazca a los orishas.

En los *ese* que contiene cada *odú* hay instrucciones poéticas que dirigen a los seguidores a sus obligaciones con los orishas y el mejor curso de acción para resolver el problema o la cuestión tratada en la adivinación.

El *Odú Ifá* no es una tradición codificada (escrita). Es un gran corpus de tradición oral, transmitido de sacerdote a sacerdote y memorizado por todos ellos. Cualquier expresión escrita que vea es secundaria a la tradición de Ifá original. Y aunque hay una «aplicación para eso» (sí, una aplicación para el teléfono), está claro que tales innovaciones no están en el espíritu de esta antigua religión.

## El proyecto detrás del proyecto

*Odú Ifá*, con sus códigos binarios y su base energética, sirve de modelo para la adivinación. Mientras que la adivinación en sí misma ofrece un plano, ese plano evoluciona con el tiempo con el *Odú Ifá* como su fundamento. Sin el conocimiento presentado por el corpus de sabiduría yoruba, la adivinación no tiene sentido. Y sin el *babalawo* o *iyalawo*, no hay conocimiento. Sin estos dos elementos que llegan a los orishas en nombre del suplicante, no hay adivinación. No tiene sentido.

La adivinación es una puerta al conocimiento a través del espíritu en el que Ifá está arraigado. Como piedras angulares de la fe, la inteligencia y la sabiduría se desarrollan a través del don de la adivinación, enseñando e instando al suplicante a conocer más y vivir más plenamente (véase la cita al principio de este capítulo). La inteligencia y la sabiduría, apoyadas por el *Odú Ifá* y sus enseñanzas y prescripciones, son el camino hacia «*ori*», el destino y el camino del alma en la vida y en la muerte; la sede del intelecto, la sabiduría y la espiritualidad. Como «cabeza», *ori* ocupa una posición similar al del concepto de libre albedrío de la religión cristiana.

La chispa de conciencia viva en el ser humano es la capacidad y el poder de cambiar el yo para parecerse más a la visión primordial divina. En el *ori* está la conciencia espiritual, que trabaja en conjunto con el intelecto. Cuando el *ori* se encuentra con *Odú Ifá* en la adivinación, se dignifica y se expande, convirtiéndose en el orisha que está destinado a ser. El *ori* es el «yo divino», más allá de la presunta configuración del mero organismo humano mortal. De hecho, el *ori* es una emanación de la divinidad, lo que le da el estatus de orisha personal.

## Ortopraxis

En la religión Ifá, la ortopraxis no solo está incorporada en la vida diaria mediante los dieciséis mandamientos. Está implícita en la adivinación misma. Cuando se pide consejo a alguien en un ambiente religioso y los indicados hacen todo lo posible para darlo, ignorar ese consejo es un acto de profundo irrespeto. E insultar o faltar al respeto al *babalawo* o al *iyalawo* es incumplir el decimosexto mandamiento (véase el capítulo uno).

La ortopraxis, la «acción correcta» que tipifica la vida ideal de Ifá en la tierra, está en la estructura misma de la religión, guiando al practicante más cerca de un ideal espiritual que sirve a ambas mitades de la calabaza divina y trae armonía a las acciones de quienes están aprendiendo a vivir bien. Sin reflexión, no hay acción, por lo que la ortopraxis es una acción que surge de la reflexión y está guiada por ella.

Podría decirse que la ortopraxis tiene su fundamento en la sabiduría. Habiendo crecido a partir de la integración del pensamiento y la emoción en *ori*, la sabiduría busca el bien en todas las cosas e implica practicar en acciones lo que se predica, siguiendo lo que es correcto y bueno. Estas acciones conducen a la conducta armoniosa de la vida de cada individuo en la comunidad que lo rodea.

Además, en Ifá, la comunidad es un microcosmos de la creación misma, que modela los atributos de Olodumare expresados en los orishas. Todos se unen en la ortopraxis cuando la palabra se convierte en acción.

En la religión Ifá, hablar es constructivo, no demostrativo. Hablar es explorar soluciones, instrucciones y prescripciones. Es compartir la tradición para la mejora de la vida humana. No es cantar la propia devoción. Cuando la acción correcta es el imperativo de la comunidad, hablar es fácil. La acción habla por sí sola, ratificando la creencia como un comportamiento justo que da más de lo que recibe.

# Hablan los antepasados

El corpus del *Odú Ifá* recoge la sabiduría de generación tras generación de creyentes de Ifá. Refinada y mejorada a través del tiempo con nuevos conocimientos y percepciones, la naturaleza viva y creciente de estos versos es probablemente lo más extraordinario.

Esta tradición oral es vasta y abarca conocimientos recogidos a lo largo de 8.000 años. Estos conocimientos se reúnen para guiar a los médicos con herramientas que han sobrevivido al paso del tiempo y llegan a ellos como regalos de sabiduría. Se trata principalmente de narraciones etiológicas (una explicación de por qué las cosas son como son) y expositivas (explicaciones sobre cómo suceden las cosas y cómo afrontarlas). Dentro de esas narraciones están los arquetipos representados por los propios *odú*, que simbolizan el vasto conocimiento sin explotar en el inconsciente colectivo de la humanidad.

A medida que se avance en los capítulos siguientes sobre el *Odú Ifá*, la simplicidad y la solidez ética de su contenido se harán evidentes. El *Odú Ifá* es el gran plano de una vida impulsada por la búsqueda de la sabiduría a través de la agencia del intelecto. Solo el sacerdote puede compartir lo que ha adivinado. Solo el adivino puede decir al suplicante lo que ha sido indicado en el *Odú Ifá*, el *ikin* o el *opele*.

Una vez realizada la sesión de adivinación, es responsabilidad del suplicante actuar; realizar la ortopraxis exigida por los versos indicados, las urgencias de los orishas y el trabajo del *babalawo* o *iyalawo*.

Cuando los ancestros y los orishas hablan a través de la adivinación, la sabiduría de la experiencia acumulada a lo largo de 8.000 años se pone a disposición de los vivos. Esa experiencia guía la acción correcta, ayudando a vivir con más autenticidad y menos ansiedad. La verdad última es que la humanidad no ha sido creada con un fin en sí misma, sino para traer armonía a una creación perturbada.

# Capítulo 6: *Odú Ifá* I, Primera parte - *Ogbe y oyeku*

El resto de este libro se centra en los *Odú Ifá* y cada uno de los siete capítulos finales representa las cuatro secciones de estas enseñanzas, con cada sección dividida en dos capítulos para facilitar la lectura, excepto la última, que es menos compleja.

Antes de empezar, es útil pensar en los *odú* como arquetipos (en el sentido de Jung). A medida que lea sobre la función de cada capítulo y su lugar en la vida de los fieles de Ifá, sepa que el concepto de conciencia de Ifá es muy similar al propuesto por Carl Jung. Los *odú* representan diversas realidades energéticas del universo conectadas con la conciencia. Al igual que los arquetipos de Jung, los *odú* son modelos que existen en el inconsciente colectivo y que resultan incomprensibles hasta que llega el momento de absorber su mensaje. Los *odú* son las energías que se deben aprender para comprender el propio destino y el destino colectivo de la humanidad.

Este capítulo abarca las cuatro secciones señaladas anteriormente, empezando por *ogbe* (también conocido como *ejiogbe oguna* u ogbe). Las enseñanzas de *ogbe* sobre *ori* se refieren a la capacidad de cada practicante de prestar atención a los impulsos del intelecto en el espíritu, que lo guían en la dirección correcta. Cuando se escuchan estas indicaciones sin cuestionarlas, se está confiando en lo que conocemos como «intuición».

El *ori*, la sede del destino y de la capacidad de percepción intuitiva, es la más importante de todas las facultades en la cosmovisión en Ifá. Aquí es donde se pueden buscar y encontrar las respuestas, por lo que *ogbe* instruye directamente a los seguidores de Ifá sobre cómo utilizar lo aprendido para prestar atención a *ori* y confiar en él implícitamente.

## *Ori* - El orisha oculto

El *ori*, ese núcleo personal donde el pensamiento y la emoción se procesan para tomar decisiones y dar sentido a la vida, es el núcleo divino del ser humano. En él se ve el tremendo potencial de la inteligencia humana. Por esta razón, es un orisha en sí mismo y define la conciencia y su movimiento a través del mundo.

Esto indica que el núcleo divino del ser humano es el camino hacia el máximo potencial. En el cristianismo, el alma es un concepto análogo a la idea de *ori*, pero no tiene la misma importancia. En el cristianismo, el alma está sometida a Dios. En Ifá, el *ori* actúa como voluntad divina filtrada a través del intelecto y el espíritu humanos, convirtiéndose en un reflejo de la naturaleza divina. Sin embargo, el *ori* es único para el ser humano. Somos preciosos a los ojos de la divinidad y dignos de llevar dentro de nosotros una verdad tan alentadora como el *ori*. Pero el *ori* debe desarrollarse. Se deposita como un recipiente del esfuerzo. Como el concepto cristiano de salvación, se da libremente, pero se santifica solo en los esfuerzos del receptor de tan magnífico regalo.

Eso no significa que el *ori* nazca autónomo. Se entrena para serlo. Es trabajo de toda una vida aprovechar plenamente la capacidad del *ori* para la ortopraxis y entrenar la mente para entender cómo hacerlo en cualquier situación. El *ori* es un recipiente de sabiduría, guiado por el trabajo de adivinación, que conduce al practicante al *Odú Ifá* y a sus múltiples lecciones para llevar una vida digna de la bondad de Olodumare.

## Liderazgo 101

Las enseñanzas de *ogbe* se refieren a las cualidades que los humanos esperan de un líder, mostrando que todos tenemos estas cualidades, aunque no estén desarrolladas. Aunque algunas personas construyen el liderazgo de forma natural, no son muchas. La mayoría necesita aprender cómo es el liderazgo a través de buenos ejemplos.

Así, con el sacerdote como guía, el practicante atiende al *ori* para encontrar en él las cualidades del liderazgo. Guiado por Olodumare, el sacerdote y los orishas, el practicante de Ifá es guiado hacia su capacidad de modelar las cualidades exigidas a los líderes en beneficio de la familia, la comunidad y la creación misma.

Las cualidades de un líder, tal y como las interpreta *ogbe*, pueden encontrarse fácilmente en los dieciséis mandamientos de Ifá, que son un esbozo de las enseñanzas de *Odú Ifá*. Estas dieciséis enseñanzas básicas fomentan la honestidad, la integridad, la decencia, la humildad, la compasión y la empatía. El líder ideal tiene todas estas cualidades y más, por lo que el desarrollo propio es un objetivo para ser la mejor versión posible de uno mismo.

## La paciencia es el principio del buen carácter

Eche un vistazo a su alrededor y verá que la mayoría de la gente es impaciente y emocionalmente inestable. Actuamos antes de pensar. Tenemos rabietas cuando no conseguimos lo que queremos y el afán de gratificación instantánea es alimentado constantemente por una sociedad impulsada por la inmediatez tecnológica.

Sin embargo, la paciencia es la marca de alguien que ha aprendido que de otra manera no se llega lejos. Cuando se es impaciente, se dicen cosas que no se piensan. Somos controlados por las emociones porque no las dominamos. Esto lleva a una volatilidad social extrema, que no es ni deseable ni necesaria. La capacidad de controlar las emociones en presencia de factores desencadenantes y estresantes es uno de los factores que impiden que llegue la locura y se sufran las consecuencias que de ella se derivan. Sin paciencia, somos como bebés que se despiertan de la siesta, gritando por asuntos triviales como un camarero lento o un autobús que llega tarde. Cuando tenemos la paciencia necesaria para esperar a que las cosas funcionen, controlamos las emociones en lugar de dejar que ellas nos controlen a nosotros.

## Templanza en todas las cosas

El temperamento humano es una bestia indómita, por lo que Ifá se propone domarla y no lo hace con prohibiciones, sino con prescripciones. Aunque muchos de los dieciséis mandamientos de Ifá tienen una clara orientación hacia «lo que no se debe hacer», el efecto neto que sugiere seguirlos es totalmente positivo. El trabajo de *ogbe* es igualmente positivo.

**La templanza es un factor importante en Ifá**
*https://unsplash.com/photos/OptEsFuZwoQ*

La templanza es más que beneficiosa para la salud del organismo humano. Tiene un efecto mediador sobre las emociones, ya que ayuda a mantener el equilibrio. Cuando hay desequilibrio, no hay balance, no hay paciencia. Ese es el problema de la gratificación instantánea. La paciencia exige esperar resultados. Además, exige eliminar la impaciencia y esperar el mejor resultado posible. Ese resultado solo llega cuando se domina al niño inquieto que está dentro.

## La autocomplacencia de la negatividad

Aunque esta es una época indudablemente autoindulgente, está claro que muchos seres humanos han sido siempre así. El ser humano tiende a creer en la singularidad de sus experiencias. Se aferra a esta creencia con tanta pasión que no puede imaginar un destino diferente del que se ha convencido que le corresponde por nacimiento.

Todos tenemos dones y vocaciones, pero estos se desperdician cuando no existe la voluntad de emplearlos fructíferamente. Tiramos el champán descorchado. Hay brillo en cada *ori*, en cada ser humano, pero la autoindulgencia de la negatividad puede aplastar ese brillo fácilmente.

La negatividad es un egoísmo que exige que el destino se ajuste a los imperativos mundanos. Por eso, no se puede burlar de *ori*. No escuchar a los *ori* en Ifá es ignorar las voces de los ancestros a través del *babalawo* o *iyalawo*. Es elegir lo irreal sobre lo real, el mundo sobre el espíritu.

En esta elección está el retorno a la división original de la gran calabaza del cosmos. Fuimos arrogantes. A Dios no le hizo gracia, así que Olodumare se retiró, poniendo distancia entre la creación divina y la material. El rechazo de la sabiduría disponible en la tradición Ifá, por la razón que sea, crea una ruptura en la relación con Olodumare y el mundo espiritual y, por lo tanto, con los antepasados. Eso es profundamente negativo, pues afecta al tejido mismo de la comunidad.

Incluso cuando nacen con un destino innegablemente estelar, hay personas que optan por vagar sin rumbo, buscándose a sí mismas en narrativas externas. El verdadero destino del individuo está vivo en los *ori* y, cuando es alimentado y fomentado, reconocido y atendido, genera un crecimiento que lleva a alcanzar el pleno desarrollo de los *ori*.

El verdadero liderazgo no se trata de ser una figura decorativa o un «sujeto superior». El verdadero liderazgo es ser una luz entre los demás y marcar el camino con hechos y palabras. Los pensamientos y emociones se integran en los *ori* con creciente sabiduría; se tienen las capacidades para desplegar las palabras y actos para el bien. Cuando eso se hace de forma coherente, se es líder y se ilumina el camino para los demás.

## El legado de Obatalá

Obatalá es descrito en el *oriki* (poesía de alabanza) dedicado a él:

*«Es paciente.*

*Es silencioso.*

*Sin ira, pronuncia su juicio».*

La virtud de la paciencia hacia el juicio justo, meditando sobre los factores implicados e impartiendo justicia deliberativa, es como se describe. En este sentido, el *ogbe* de *Odú Ifá* es una descripción de los atributos del orisha cocreador, la mano derecha de Olodumare, por así decirlo. Sin embargo, el oráculo, Orunmila, tiene un temperamento deliberativo y paciente.

Uno de los *ese* ilustrativos de *ogbe* habla de la extraordinaria paciencia de Orunmila. Se dice que el Orisha espera tres años si se le ofende. Esto, explica Orunmila, permite al transgresor corregir la ofensa cometida. Incluso cuando dicta sentencia, el orisha oracular se mueve deliberadamente, midiendo sus pasos no en el tiempo, sino en la conciencia.

El hecho de que estos dos orishas sean tan importantes en este capítulo de *Odú Ifá* deja claro que el practicante es entrenado para contener las respuestas emocionales más viscerales según el ejemplo de dos de los orishas primordiales. Ninguno actúa precipitadamente, eligen las acciones lentas y deliberadas que conducen (lógicamente) a decisiones bien fundadas. Muchas guerras podrían evitarse con un marco moral tan sólido.

El mensaje de *ogbe* es que el desarrollo de la paciencia y la regulación emocional son la base de la verdadera realización del *ori*. Cuando se tiene el control de sí mismo, se tiene el control del mundo circundante y se puede reaccionar con acciones mesuradas y reflexivas. El liderazgo se basa en esa acción y en ese proceso de deliberación paciente para perseguir la justicia y la ortopraxis.

## El objetivo de la paciencia

El *ogbe* afirma:

«*Nada de valor es creado por un temperamento descontrolado.*

*La paciencia es el fundamento de la existencia.*

*Una persona paciente tiene el mundo.*

*Envejece en la dicha.*

*Su salud es robusta.*

*Vive una vida de felicidad y disfrute,*

*con el sabor de la miel en su lengua*».

Como ocurre con la mayoría de las proscripciones y prescripciones de los dieciséis mandamientos del capítulo uno, la recompensa del bien está en actuar bien y la recompensa de la paciencia está en el fruto maduro que da.

Arrancar una manzana que no ha madurado de un árbol no es ninguna victoria. No se puede comer con placer. Pero la persona sabia a la que *ori* aconseja dejar madurar la manzana, come con placer cuando el fruto está listo para ser disfrutado en todo su esplendor.

El fruto de la paciencia es el mismo: florece con el tiempo y la práctica. Se aprenden a contener las reacciones. Se aprende a examinar el momento con ojos claros, viendo todo lo que está alrededor. Se aprende a ser humano de un modo que honra el don de haber nacido con el legado de la guía de *ori*.

La paciencia es la base del balance emocional. Cuando se aprende a examinar las propias emociones, asignándoles el valor que merecen y nutriéndolas como parte de cada uno, se reconocen. Al mismo tiempo, se ponen en su sitio justo, sabiendo que pueden ser influencias peligrosas si no se examinan con cuidado. Con las emociones bajo control en virtud del intelecto, se puede salir más fácilmente al mundo con la confianza de no perderlo, de ser humanos conscientes e informados. Se camina en la confianza del yo evolucionado cuando se dominan las emociones y se comprenden los pensamientos.

El liderazgo está en el corazón de las comunidades humanas: la construcción de una forma de vivir juntos en armonía, libres de rencor y competencia innecesaria. Es cómo se trata a los demás, sin desviarse nunca ni decir lo que se sabe falso. Estas sencillas normas de convivencia son el tejido conectivo social que une a los seres humanos en el amor y permite que se guíen unos a otros hacia una convivencia menos estresante.

En ese proceso está la reconstrucción de la relación con Olodumare.

## *Oyeku*

*Oyeku* es el corazón mismo de la oscuridad, del vacío, es aquello que no conocemos, pero que algún día conoceremos. Es el principio y el fin de todas las cosas.

*Oyeku* significa muerte, pero significa mucho más. *Oyeku* es la eternidad desconocida de las cosas. No somos conscientes de ello, a menos que seamos filósofos o estudiantes de teología. Sin embargo, ni siquiera esas personas pueden penetrar en la plenitud del misterio que es *oyeku*. Eso corresponde al mundo de los espíritus y a quienes habitan en él.

En *oyeku* está el viaje de la vida, que se desarrolla eterna y simultáneamente, en un lugar sin tiempo, sin espacio tal y como lo conocemos, sin materialidad y sin pasiones. El tiempo tiene un significado aquí: los ciclos de la vida simplemente giran. Esos ciclos son muchos en nuestras vidas y se suceden constantemente. Esos ciclos enseñan a preparar el alma para la mayor aventura de todas: La muerte.

## El círculo no se rompe

Buscar puntos en común en los fundamentos filosóficos de las religiones del mundo no es buscar la integración o el sincretismo, sino comprender lo arraigado que está el modelo circular del tiempo en el pensamiento humano.

Vivimos en un entorno cultural circular y cíclico, estemos donde estemos. Se hacen suposiciones sobre cómo viviremos en función de la edad, el sexo, el atractivo y la capacidad intelectual. En casi todas las sociedades, al nacimiento le sigue algún tipo de educación, luego el matrimonio y por último la descendencia. Estos hitos representan ciclos que estamos obligados a realizar (sean o no apropiados para nosotros) porque hubo un periodo anterior al tiempo registrado en el que nuestra supervivencia dependía del cumplimiento de estos hitos.

Reflexionar sobre el concepto de *oyeku* libera el intelecto para aprehender el destino como parte de esa oscura realidad. En *oyeku* hay una incógnita que puede conocerse. Pero no ahora. Para estar realmente en el círculo ininterrumpido de la vida, debemos estar despiertos y disponibles a entenderlo completamente, incluyendo lo inevitable de la muerte.

Para Ifá, la muerte no es lo desconocido, sino parte de la vida conocida. Así, la muerte es la continuación de esta vida, a donde se lleva todo lo aprendido en los viajes al mundo de los espíritus, al igual que hicieron los antepasados antes que nosotros. En Ifá, se piensa que solo los ignorantes temen a la muerte. Las personas cultas e integrales, conectadas con su *ori*, no temen a la muerte, sino que se acercan a ella con atención. Caminan con cuidado hacia ese horizonte que nunca llega, conscientes, despiertos y preparados para el próximo capítulo, y el siguiente.

Estar preparado para la muerte (sin importar cuándo llegue) es estar preparado para conocer *oyeku*, ese útero de la nada y progenitor de los ciclos de la vida. Sin miedo, Ifá se acerca respetuosa y conscientemente a los recintos sagrados. Todo comienza y todo termina. Estas realidades forman parte de una vida consciente, digna y satisfactoria. Tanto los comienzos como los finales son buenos, porque nada termina realmente.

Este capítulo ha cubierto algunos conceptos y características clave de Ifá que ayudan a contextualizar el contenido de los capítulos siguientes, dando una base de las ideas centrales de Ifá y cómo se presentan en el *Odú Ifá*.

Las cuatro secciones de los *Odú Ifá* tratadas en la siguiente parte del libro se han dividido en dos capítulos cada una. El siguiente capítulo cubre los dos *odú* que siguen al *Odú Ifá* I.

# Capítulo 7: *Odú Ifá* I, Segunda parte - *Iwori* y *odi*

Este capítulo explorará la Segunda Parte del *Odú Ifá* I en los odù de *Iwori* y *odi* y sus roles energéticos en las enseñanzas impartidas por la adivinación.

## *Iwori*

*Iwori* es otro concepto metafísico tremendamente profundo que tiene que ver con la conciencia. En Ifá, todo lo que existe tiene un tipo de conciencia. Puede que no sea como la conciencia humana, pero no deja de ser conciencia.

*Iwori* es una mirada penetrante, que discierne la conciencia como una entidad única para el portador, viendo el proceso de la conciencia como individualización. En la práctica, *iwori* es transformación, una hazaña que se consigue aplicando fuego. En el caso del *iwori*, ese fuego es la pasión.

La pasión tiene muchas caras. No todas son bonitas. La pasión puede llevar al nacimiento de hijos, a la santificación de la pareja y al logro de grandes cambios. Sin embargo, la pasión también puede conducir al conflicto, incluso al conflicto bélico extremo. Así pues, para entender el *iwori*, debemos entender la transformación como algo que se forja en el fuego de la pasión, pero la pasión que genera el fuego es consciente. No se trata de la pasión desenfrenada que pasa cuando el calor del momento se ha calmado. La transformación es fuego sostenido. El fuego de la pasión, como el fuego material en el que el oro no puede ser eliminado, sino sólo refinado, revela la pureza del alma.

## Individualización y conciencia

*Ori* es la clave para llegar a la comprensión de *iwori*. Como ya se dijo en el capítulo anterior, es tanto la conciencia como el destino de esa conciencia. Es la sede del alma y del concepto que tenemos de nosotros mismos. Con la adivinación, *ori* se prueba como un metal precioso, por el fuego de la pasión que conduce a la transformación.

Es *iwori* quien se enfrenta más directamente a *ori*. A través de su mirada penetrante, *iwori* alcanza a *ori* con el fuego que necesita para transformarse. Esta es la mirada Divina que nos conoce y es parte de nosotros simultáneamente, con *ori* como su trono en el cuerpo humano. *iwori* vincula nuestra conciencia/destino y el mundo espiritual y lo Divino.

La unidad individualizada de la conciencia es, por supuesto, el ser humano. Somos esta conciencia, encarnada porque nos percibimos a nosotros mismos. Somos autoconscientes y conscientes de que somos nosotros. Yo soy yo. Tú eres tú. Nos conocemos como unidades de conciencia, moviéndonos por el mundo en la frontera de la carne que nos define como organismo humano, haciéndonos inteligibles para quienes nos encontramos en el mundo.

Nuestra carne, sobre la que actúa nuestra conciencia, es la forma en que conocemos el mundo que nos rodea. Tocamos, saboreamos, olemos, oímos y vemos el mundo a través de nuestros sentidos. En nuestra conciencia, interpretamos los sentidos tal como los recibimos. Sin embargo, todo es una sola cosa, que funciona como una sola unidad de conciencia. La carne comunica a la conciencia la sensación, el sabor, el olor, el sonido y la vista que experimentamos, revelándola como información que hay que interpretar.

Para Ifá, todo esto es aprendizaje, alimentar al *ori*. Esa alimentación va acompañada del don de la adivinación, alimentando aún más a los *ori*. El fuego nace en la interacción del individuo con las verdades de la vida que se le revelan en *Odú Ifá*. Al suplicante se le da una opción en la adivinación: estar vivo ante la guía del Orisha o rehuirla. Sin embargo, como se ha discutido, no es realmente una elección en absoluto cuando se piensa en lo que se puede ganar construyendo sobre las lecciones de la adivinación traducidas a la ortopraxia.

# El fuego de la transformación

*Iwori*, esa mirada penetrante, trae el fuego al alma por cualquier número de medios. El aprendizaje es el principal de ellos, pero a veces, la gente necesita sentir el fuego antes de aprender. Eso también puede ser transformador. La adversidad suele ser transformadora. A veces le ocurren cosas malas a la gente buena, especialmente en Ifá, para que puedan aprender algo importante.

Debido a nuestra conciencia individualizada, los seres humanos experimentamos el mundo de mil maneras. Lo que es fascinante para uno es tedioso para otro. Lo que a uno le produce felicidad, a otro le produce miseria. Esta individualización de la conciencia de persona a persona se aprovecha en Ifá para hablar directamente con los *ori*. La singularidad de los *ori* en cada persona es el terreno de prueba de una vida vivida con atención, espiritualmente y en comunidad con otras unidades individualizadas de conciencia.

Mire alrededor y pregúntese qué es lo que está en el corazón de la mayoría de los problemas de la sociedad occidental. Para algunos, es la elevación del individuo por encima de toda consideración. Lo que el individuo decide hacer tiene más peso que lo que la comunidad necesita que el individuo haga. Podemos ver esto más claramente en la resistencia a la vacuna COVID.

La conciencia individualizada, consciente de sí misma y de otras unidades de conciencia, es potencial. En Ifá, ese potencial debe desplegarse hacia la cohesión de la comunidad, enraizada en la tradición, guiada por la adivinación y el *Odú Ifá*. No es expresamente para sí mismo. Más bien, reconoce que el todo es mayor que uno de sus componentes.

# ¿Un universo consciente?

Como se ha dicho antes, el punto de vista de Ifá es que todo en la Creación tiene conciencia. Pero, ¿y si el propio universo fuera consciente? La investigación emergente plantea la misma pregunta.

Ifá cuestiona la conciencia del universo
*https://unsplash.com/photos/oMpAz-DN-9I*

El materialismo ha sido la explicación científica predominante de la conciencia: que la conciencia emana de la actividad cerebral. Se favorece la división platónica/cartesiana mente-cuerpo: la conciencia está separada del cuerpo y existe independientemente como «alma». Ahora entra el panpsiquismo, que postula una conciencia que habita en cada fibra del universo.

Al observar lo que nos rodea, nuestra conciencia individualizada está separada pero contenida en esta conciencia universal, dando conciencia a cada cosa material. Los organismos biológicos -incluidos nosotros- toman continuamente decisiones basadas en la conciencia sin ni siquiera pensar en ello. Ante una escalera, subimos. Ante un muro, buscamos la manera de sortearlo. Cambiamos nuestro comportamiento para adaptarnos a lo que hemos encontrado en el mundo. Estas decisiones automatizadas relativas a la navegación física también son conciencia.

Además, aunque el panpsiquismo sigue siendo una teoría marginal de la conciencia, la idea de la conciencia que se encuentra «ahí fuera, en algún lugar» y «en todas partes» apunta a *iwori*. La mirada penetrante de la conciencia fuera de nosotros, observando e interactuando con nuestra conciencia individualizada, puede sonar a ciencia ficción. Sin embargo, en el mundo del discernimiento de la relación de la humanidad con el espíritu, *iwori* como función de la conciencia universal parece plausible.

Aunque especulativo, el panpsiquismo cambia el cauce de nuestra comprensión de la conciencia, que no parece capaz de formular una respuesta definitiva sobre lo que es.

Tal vez la conciencia, la universal, externa a nuestras unidades de conciencia, sea la mirada penetrante de *iwori*, que nos invita a transformarnos. En esa mirada está el fuego de la pasión, que empuja a la humanidad hacia una espiritualidad igualmente penetrante, que une todas las conciencias en un propósito singular.

Ministrando a los *ori*, la mirada de *iwori* está enfocada con láser, produciendo la chispa que provocará la conflagración que quema todo lo que es indigno, liberándolo para proceder hacia su destino en la consciencia. La consciencia, entonces, es el don que se transforma, porque si el universo es consciencia, nosotros somos sus mensajeros espirituales a través del Divino *ori*.

Integrados nuestros pensamientos y emociones, nos transformamos bajo la mirada penetrante de *iwori*, emergiendo como la imagen Divina que Obatalá una vez sembró en nosotros. Animados por el aliento de Olodumare, nos encendemos bajo el resplandor del desafío transformador de *iwori*, renaciendo en la pasión como un ser humano plenamente realizado.

## *Odi*

El tiempo cíclico significa que todo acaba renaciendo, de un modo u otro. En Ifá, el concepto de reencarnación (*Atunwa*) también está presente como renacimiento dentro de un ciclo vital y en un ciclo vital nuevo y separado con identidad propia.

En Ifá, nada se crea ni se destruye en el mundo natural. Más bien, todo lo que es se ha transformado a partir de otra cosa y volverá a ser, en un ciclo continuo de renacimiento. El ejemplo perfecto es el de la creación de la humanidad. Obatalá hizo de arcilla las formas de los seres humanos primordiales. Como en el relato bíblico de la Creación, el agua se mezcló con la tierra y se moldeó para crear una especie de homúnculo, una representación de lo que iba a ser transformado por el aliento de Olodumare. En este caso, la transformación de la sustancia se lleva a cabo mediante el aliento divino y la implantación del *ori*, el núcleo divino dentro de la humanidad.

Sin embargo, *odi* también representa el acto físico del parto y los órganos reproductores femeninos, refiriéndose a la realidad animal de la reproducción y la crianza de una nueva vida dentro del cuerpo de la mujer humana. El útero es el lugar de transformación en el que algo que existe cambia para convertirse en algo totalmente distinto.

Este útero es *odi*, donde todo renace eterna y simultáneamente, confundiendo el concepto occidental del tiempo y de un momento fijo de acción creadora por parte de la Divinidad. En el mundo de *odi*, la creación es continua e ininterrumpida, y su capa primordial es sólo el principio del proyecto divino de transformar la materia en algo nuevo. Esto implica una mejora y una perfección progresivas. La materia que no cumple su función es transmutada. Se convierte en algo nuevo, mejorado y más cercano a cumplir su propósito original, tal y como se estableció en la mente de Olodumare.

## *Iwori y odi*

Mientras que *iwori* tiende a una caracterización puramente metafísica, *odi* añade la carnalidad en presencia del útero. Representando tanto el nacimiento físico como los continuos ciclos de renacimiento, *odi* relaciona la reencarnación (re-descarnación) como vinculada al nacimiento físico convencional y posiblemente incluso análoga a este.

*Iwori* se transforma a través de los *ori*, y *odi* hace lo mismo, pero con un enfoque diferente. Mientras que la mirada de *iwori* provoca la transformación del individuo, *odi* representa todo nacimiento y renacimiento, la naturaleza cíclica del tiempo. En este esquema, la reencarnación es la una única consideración a tener en cuenta mientras se reflexiona sobre la naturaleza del renacimiento como una serie eterna e ininterrumpida de ciclos.

Estos círculos de tiempo giran incluso en el mundo del tiempo lineal. Cada minuto contiene 60 segundos; cada hora, 60 minutos. Cada uno sigue al siguiente, y la semana termina en Omega y comienza al día siguiente en Alfa. Aunque no reconozcamos esta realidad, está claro que el tiempo es cíclico. Aunque no queramos que sea cierto, disfrazando la naturaleza circular y cíclica del tiempo con todo tipo de disfraces dignos de un Emperador desnudo, está claro que sabemos a cierto nivel que el tiempo siempre ha sido cíclico.

Mientras *odi* preside nuestros ciclos interminables y eternos, *iwori* transforma lo transformado, perfeccionando y refinando el potencial humano a medida que avanza en el tiempo, siempre girando y evolucionando, creciendo y encogiéndose, naciendo y muriendo. Dado que en este modelo ningún estado del ser es fijo, toda la vida es un proceso de transformación regido por imperativos divinos caracterizados como conceptos metafísicos -y en el caso de *odi*, un híbrido físico.

Tanto *iwori* como *odi* se preocupan por la transformación, pero de formas muy distintas. La mirada penetrante de *iwori* transforma mediante la ignición de *ori* en su estado integrado. *Odi*, por otro lado, recicla, recreando todo lo que existe de nuevo en todos los ciclos de su vida. Esto es tan cierto de los seres humanos como de cualquier otra cosa en la Creación.

*Odi* es «la foca», que representa los órganos reproductores femeninos. Sin embargo, esos órganos no son más que el «accidente», la máscara que oculta el verdadero rostro de la forma en el pensamiento aristotélico, bajo el cual descansa la verdad, a la espera de ser expuesta. El accidente nos recuerda la función de la forma. Como en el caso de *odi* se trata de un renacimiento o transformación cíclica, el sello de *odi* es un símbolo adecuado de los ciclos de la vida y la tierra. El proceso de renacimiento es una transformación de otro tipo. Mientras que la transformación de *iwori* es un fuego, que dobla, pero no rompe la materia de la humanidad, trabaja eternamente el alma humana a través de su destino.

En la cuestión de la transformación, el vientre de *odi* es la vida misma. Pero también la mente de Olodumare, en la que la Creación es concebida y luego nace, parida por su cocreador, Obatalá.

## Repensar, reciclar, renacer

En la cosmología de Ifá, todo renace. Desde el momento de la Creación, nada es estático. Nada está completo. Nada está perfeccionado y todo está sujeto al cambio. A diferencia del relato bíblico de la Creación, Ifá admite que la Creación se formó a partir de la sustancia existente. La materia prima estaba allí. Sin embargo, como en el caso de las formas humanas creadas por Obatalá, fue necesario el aliento de la Divinidad para animarla.

Así, *odi* se erige como el imperativo Divino de repensar, reciclar y renacer como un eterno proyecto de renovación, siempre perfeccionando lo que es. Así como los seguidores humanos de Ifá buscan perfeccionarse integrando sus pensamientos y emociones hacia la regulación y buscando el consejo de los Orishas, toda la Creación es un trabajo en progreso. La eternidad es larga, así que no hay excusa para no elegir la devoción a la automejora. Porque cada transformación que hace es una transformación que impacta al todo, cuando toda la Creación está comprometida en el acto de la transformación eterna, no hay campo estático. El cambio es inevitable y está ordenado por el Creador como toda la verdad sobre la Creación: que el trabajo del Creador nunca termina.

La mirada de *iwori* penetra en los ciclos de esta vida. Seguimos transformándonos y convirtiéndonos en las personas que queremos ser en esta vida. En las vidas venideras, *odi* es el útero del que brotamos continuamente, siempre perfeccionándonos y participando en la perfección como sujetos de una Creación en evolución.

Usted recordará que discutimos la naturaleza evolutiva de *Odú Ifá* en el capítulo seis, como el orisha habla a los *babalawos/iyalawos*, revelando más sobre la relación entre Olodumare y la gente de Ifá. Al igual que el modelo de creación de Ifá, nada está escrito en piedra. Nunca se escribe nada. Se memoriza, se añade, se reinterpreta y se refunde, transformándose siempre a medida que nos transformamos.

El mundo de Ifá y su complejo pensamiento se rigen por el cambio, la mejora y la transformación que acercan el mundo material al modelo previsto de Olodumare. En este proceso, la humanidad actúa como cocreadora, encajando las dos mitades de la gran calabaza. Esa totalidad es la relación deseada. Es la realización de los sueños de Olodumare y el eterno proyecto de construcción de la humanidad al lado de la Divinidad en un propósito común.

## *Atunwa* - El alma reciclada

El concepto de reencarnación en Ifá es muy diferente de nuestra concepción en Occidente, que sigue un modelo vagamente oriental. Para nosotros, la reencarnación significa volver al plano terrenal -ya sea consciente o inconscientemente- como un alma etérea que habita los cuerpos de otras personas en otras épocas. Se dice que este proceso mitiga las obligaciones kármicas acumuladas, conduciéndonos al Nirvana (la perfección del alma y su liberación del «samsara», la rueda existencial).

En Ifá, el concepto de reencarnación está arraigado a la elección individual. El *ori*, sede del intelecto y del destino, es el asiento de esta elección. Este es el objetivo de la adivinación: iluminar el sagrado *ori* (el orisha interior) con la sabiduría ilimitada del mundo espiritual. Al seguir las directrices y la guía de la adivinación, los seguidores de Ifá aprenden a vivir en fidelidad a su destino revelado, fomentando su dirección y nutriendo su comprensión del mismo.

El ideal de Ifá, como en muchas otras religiones, es la abundancia, la felicidad y una larga vida bien vivida. Pero eso sólo puede ocurrir en Ifá cuando el practicante está en sintonía con el *ori* y el destino que encierra. En esta vida, elegimos nuestro destino siguiendo los dieciséis mandamientos. Prestamos atención al trabajo de adivinación y a la guía del orisha a través del *babalawo/iyalawo*. Al seguir fielmente y practicar la ortopraxia prescrita por la adivinación, el alma del practicante se transforma, preparada para la realidad de *atunwa* y la evolución destinada del alma.

En el futuro viaje del alma, la transformación de *odi*, tanto física como metafísica, se une al trabajo de *iwori*, reciclando y reutilizando el alma eterna. Debidamente formada en la vida material, el alma se aventura hacia vidas desconocidas, tanto en el espíritu como en el cuerpo. El misterio de una Creación continua, eterna y cíclica es un viaje del alma humana a través de los ciclos del tiempo, ligados a subciclos que rigen la conducta de esa alma. Girando y evolucionando, *atunwa* es la asociación de la humanidad con el tiempo, el alma sometiéndose a la realidad de *atunwa* como la naturaleza del Orden creado. Nunca terminado, siempre en evolución, todo lo creado se perfecciona sin fin y se enciende eternamente con el fuego que cambia, pero no destruye.

A continuación, pasemos a la segunda sección del *Odú Ifá* y revisaremos las dos primeras del grupo en el próximo capítulo.

# Capítulo 8: *Odú Ifá* II, Primera parte - *Irosun y oronwin*

El marco del destino es conocido en los *ori* y revelado a través de la práctica de la adivinación. Sin embargo, la realización del destino es encarnada por el practicante. Elegimos realizar nuestro potencial o rechazarlo. Esto nos lleva a *irosun*, el odù de la realización del potencial.

## *Irosun*

*Irosun* se refiere a la audaz realización del potencial, pero también significa multiplicación y aumento. Lo que se incrementa es la comprensión, las cualidades prescritas en los dieciséis mandamientos, y la adhesión del seguidor a las indicaciones de los *ori*. Una vez transformado por la mirada ardiente de *iwori* en sumisión a las indicaciones cíclicas de *odi*, *irosun* conduce al adepto hacia el incremento, o multiplicación.

Incremento/multiplicación puede significar cualquier cosa, y dependiendo del ciclo de la vida en el que nos encontremos hay diferentes prioridades en diferentes momentos. Podríamos encontrar que un ciclo de incremento se aplica al dinero, la sabiduría, el conocimiento, la paciencia, la compasión o la santidad. Las urgencias de *ori* pueden recordarnos las áreas que necesitamos incrementar para realizar nuestro destino en cualquier momento de nuestras vidas. El potencial tiene muchas caras en la vida humana. Lo modelamos de muchas maneras, desde la fuerza física hasta la inteligencia. Además, en *irosun* nos encontramos con el arquetipo que nos recuerda que nuestro potencial nunca se realiza del todo. La eternidad, recordemos, es mucho tiempo; sin embargo, ¡eso no implica que podamos sentarnos en los laureles de *irosun*!

*Ori* se asegurará de ello, y para seguir el ritmo de *ori*, en fidelidad al destino del que es guardián, a los seguidores de Ifá se les insta siempre a «revisarse a sí mismos». *Irosun* implica que buscando potencial en nosotros mismos es como avanzamos hacia el destino y nuestro trabajo con el Divino. Es fácil estancarse espiritualmente en muchos sistemas religiosos. Pero en Ifá, la fuerza motriz de la adivinación y su conexión con *ori* crea un vehículo construido a propósito que impide ese estancamiento. El creyente forma parte de un sistema que busca la ortopraxis comunitaria dentro de un marco religioso. Se trata de lo que piensa y de lo que hace debido a lo que piensa. Es en gran medida una religión basada en las obras, que exige algo de los seguidores para mejorar el todo, incluida la otra mitad de la calabaza, el mundo espiritual.

## La sangre

*Irosun* también significa en yoruba «sangre menstrual». Esa sangre, presente en ciclos mensuales, es una elaboración de *atunwa*, porque *atunwa* significa en Ifá un tipo específico de reencarnación, vinculada a los antepasados a través de los lazos de la carne (y la sangre).

Aunque la reencarnación no está estrictamente vinculada a los lazos familiares, según Ifá suele ser así, y *atunwa* se limita principalmente a la familia. La sangre que una vez corrió por las venas de los antepasados, de este modo, se perpetúa. Y los lazos familiares también. La sangre es potencial, y esto es especialmente cierto en el caso de la sangre menstrual.

La sangre menstrual es el desprendimiento cíclico del revestimiento del útero, que se produce en ciclos de veintiún a veintiocho días a lo largo de la vida de la mujer, desde la adolescencia hasta la menopausia. Al descender de *odi* (el útero), esta sangre entra en el mundo material como potencial. Cuando la sangre no viene como suele hacerlo, se está realizando otro tipo de potencial: el del nacimiento.

La sangre familiar y la sangre menstrual confluyen en *irosun* como la tinta que crea la hoja de ruta del alma hacia y a través de la eternidad. En la sangre está la materia de la vida. En la sangre está el ADN del linaje familiar. Y en la sangre está el hogar materno material del alma en tránsito, lista para nacer.

Al hablar de la sangre menstrual, también debemos hablar de las mujeres y su papel en la vida de Ifá. Hay un contraste notable entre la metáfora de la sangre menstrual como símbolo de potencial en Ifá y el horror que sienten las fes monoteístas. Sin muchos detalles, las mujeres hebreas de la Edad de Bronce eran relegadas a las tiendas cuando menstruaban. Y la Iglesia cristiana persistió en los ritos para «volver a bendecir» a las mujeres después del parto, como si el nacimiento hubiera mancillado de alguna manera sus cuerpos, hasta bien entrada la década de 1980 y más tarde (ver recursos). Si bien se enmarcaba habitualmente como una «bendición», la iglesia se ocupaba principalmente de la pureza ritual después de su predecesora: La fe.

El posicionamiento de la mujer como metáfora del potencial y de la naturaleza cíclica de la vida es una respuesta primordial a las funciones reproductivas de la mujer, una de las cuales es la menstruación. Mientras que en algunas tradiciones religiosas se considera contaminante, en Ifá la menstruación se ve como una compañera en el progreso del propio tiempo. Metáfora de la naturaleza cíclica del tiempo, el potencial de la sangre es humano: espiritual, intelectual y material. Es una tradición mucho más antigua y una forma de enmarcar el sexo femenino. Misteriosamente portadoras de vida, en los primeros tiempos de la humanidad, las mujeres eran vistas con reverencia y temor. Fuera lo que fuese lo que hacía salir y ponerse el sol, los humanos pronto imaginaron que las mujeres probablemente tenían algo que ver con ello. Las diosas de las antiguas culturas del mundo y los orishas femeninos hablan del poder que antaño tenía la sangre menstrual y la mujer como portadora de vida. Este antiguo valor en Ifá enmarca a la «mujer» como la encarnación humana del potencial, administradora tanto del útero como de la sangre que emana de él, representando el potencial y la renovación.

*Irosun* tiene un lado negativo y, como es habitual, tiene que ver con resistirse al propio destino. Cuando el practicante trabaja contra el destino trazado en los *ori* y la adivinación, el potencial se ahoga. Se rechaza el potencial. Incluso se rechaza la sangre de la propia familia y la guía de los antepasados. Sin embargo, ¿quién podría rechazar las riquezas del pasado, presente y futuro en el potencial que los *ori* encierran como legado Divino? Parece temerario, y quizás eso responda a cualquier pregunta sobre cómo es que Ifá ha sobrevivido ocho milenios como sistema de fe. Lo que funciona para la gente suele ser continuado, creando y recreando, pariendo potencial y reencarnándolo en *atunwa*.

## Potencial en carne y hueso

La dedicación de Ifá a la comunidad y a las familias que la constituyen es clara en la concepción de la reencarnación en *atunwa*. La sangre es el potencial de la carne. La encarnación del potencial se basa en la sangre que brota de una fuente de parentesco. En esto se atiende a los antepasados.

Pero toda la sangre es potencial en *irosun*. La sangre menstrual, que es el potencial de vida derramado cada mes, está ligada a los ciclos de la Creación, haciendo de *irosun* el vientre vivo de todas las vidas que son, han sido y serán.

Inseparable del ser vivo, excepto en el derramamiento mensual del revestimiento del útero, la sangre es el potencial de graduación de lo terrenal a lo espiritual. En el ser humano encarnado está el potencial para una eternidad de evolución espiritual. Esta evolución se sirve tanto en el desarrollo del humano vivo como en el desarrollo del alma liberada a su destino en *atunwa*.

## *Oronwin*

Debido a que el papel del *Odú Ifá* es definir la existencia y las energías que la impactan, los miembros de la Fe están preparados para todas las contingencias, incluyendo lo inesperado. Este es el arquetipo de vida representado por *orunwin*: el cambio repentino e inesperado.

Aquí es donde el *Odú Ifá* se adentra en el reino de la física, concretamente, en el caos que es la naturaleza subyacente de la materia. Aunque a todos nos gusta creer que el universo, el mundo y nuestras vidas están bien ordenados, la física nos enseña que la verdad es muy distinta. Cuanto más examinamos la superficie de las cosas, más caos vemos bajo su endeble barniz. Sin embargo, cuanta más distancia ponemos entre nosotros y los acontecimientos aparentemente aleatorios y sin relación entre sí, más ordenados parecen. Este es el efecto descrito por *orunwin*, que enseña perspectiva y el loable rasgo de la ecuanimidad. *Orunwin* también enseña que no todo es lo que parece, exigiendo que el observador considere lo que está experimentando desde el punto de vista de la observación activa.

Cuando nos obsesionamos con los imprevistos, las curvas de la vida nos hacen ver el caos que hay bajo la superficie. En nuestro afán por hacer que una situación difícil o desagradable «desaparezca», nos centramos en los detalles, desmenuzando los problemas hasta que no queda nada más que desmenuzar, pero sin acercarnos a ninguna solución.

Por el contrario, poner cierta distancia entre nosotros y lo que ocurre nos permite ver las cosas como son. Lo que de cerca puede parecer caótico, lo parecerá menos si se observa con distanciamiento y realismo.

## La Teoría del Caos según Ifá

La Teoría del Caos (una rama de las matemáticas) propone que el caos y el orden combinados son toda la verdad sobre la realidad. Como ya se ha dicho, lo que parece caótico en la proximidad parece ordenado desde la distancia. Sin embargo, cuando se considera el caos desde una perspectiva matemática, el universo se desarrolla como debería, siguiendo un camino determinado que percibimos como caos. Pero eso se debe a que no entendemos lo que estamos viendo sin hacer cálculos.

Los sistemas del mundo natural son profundamente deterministas. Sin embargo, pequeños cambios en esos sistemas pueden producir efectos adversos a lo largo del tiempo. El efecto mariposa, descrito por primera vez por el meteorólogo Edward Lorenz en 1961, es una analogía de este efecto. Lorenz descubrió que incluso errores mínimos en los cálculos para predecir el tiempo desorganizaban todo el sistema. Del mismo modo que una mariposa que bate sus alas al otro lado del mundo puede ser responsable de un huracán, las desviaciones en los sistemas ordenados pueden crear anomalías siempre acumulativas que den lugar a perturbaciones similares.

Del mismo modo, las pequeñas perturbaciones del destino contenido en el *ori* del individuo amenazan la integridad de la trayectoria del destino. Las alas de mariposa que amortiguan la estabilidad del mundo también son capaces de provocar el caos en nuestras vidas; al menos, de cerca, parece caos. El caos que se esconde bajo la superficie de la vida, los pequeños baches que nos angustian y confunden, es el orden que se impone de formas que no podemos predecir. La muerte de un ser querido, un despido repentino del trabajo, la enfermedad y la traición forman parte de la vida, pero nos parecen interrupciones caóticas en nuestros ríos personales que fluyen tranquilamente.

Según Ifá, la Teoría del Caos es el encuentro pacífico de la vida allí donde se encuentra, entendiendo que todo sucede como parte de nuestro destino. Observados como lo que son, los choques de la vida son absorbidos. Cuando vemos lo que ha ocurrido en nuestras vidas como parte de una historia mayor, no como un insulto personal o una catástrofe que destruye vidas, somos más capaces de ver el orden en el caos y, a la inversa, el caos que sirve al orden.

Volviendo a los dieciséis mandamientos de Ifá, está claro que su objeto no es la ortopraxis por sí misma o por la de alguna ideología arcana, que tiene poco interés para la práctica de Ifá. Por el contrario, los dieciséis mandamientos sirven al orden al instar a los fieles a actuar en pro del buen funcionamiento del sistema comunal evitando comportamientos perturbadores porque, en el modelo de los mandamientos, el caos es provocado por desviaciones en la conducta de la vida que crean heridas, malentendidos e incluso violencia.

Mientras que bajo la tranquila superficie de una sociedad ordenada, el caos bulle al servicio de ese orden, siempre avanzando hacia las soluciones que pretendía crear, su presencia percibida en nuestras vidas sigue sirviendo a ese mismo orden: en la muerte, la desgracia, la enfermedad, la pérdida del trabajo y la decepción. Estas contingencias no son esencialmente caóticas; simplemente forman parte de una realidad ordenada en la que el caos es parte de un todo que reproduce la realidad tal y como la conocemos.

## Cambio y ecuanimidad

*Oronwin* ofrece una perspectiva a los suplicantes que acuden a la adivinación en tiempos de cambio y agitación. El cambio significa cosas distintas para cada persona. Algunas personas provocan el cambio voluntariamente, sabiendo que el cambio es necesario. Sin embargo, a la mayoría de nosotros el cambio nos resulta amenazador. Somos criaturas a las que nos gusta lo familiar. Unas vacaciones de dos semanas son lo justo para la mayoría de nosotros. La mayoría de nosotros queremos volver a nuestras camas después de las vacaciones: demasiado cambio.

El cambio exige adaptación. Cuando se trata de un cambio imprevisto de cualquier tipo, la capacidad de afrontarlo nos hace resistentes. Aprendemos de la supervivencia, no de la satisfacción. La satisfacción es la recompensa que recibimos por sobrevivir.

Cada vez más, las sociedades de todo el mundo se han vuelto menos resilientes debido a su falta de voluntad para absorber el cambio adaptándose a él. El cambio y la adaptación pueden adoptar numerosas formas, desde tragedias personales hasta catástrofes naturales. Pero para sobrevivir, debemos estar preparados para aceptar el cambio como un reto.

Nos adaptamos al pasar de la comodidad y la dependencia de la infancia a la transición al mundo adulto. Esta transición es común a todos nosotros, con excepciones a la regla que sólo sirven para demostrarlo. Sin embargo, cuando surge un cambio como una pandemia, ¿aceptamos los inconvenientes temporales que representan los mandatos de enmascaramiento o distanciamiento social, o nos rebelamos contra ellos? ¿Cuál es la respuesta más común?

Afortunadamente, la mayoría opta por la aceptación ante el cambio, que viene con los inconvenientes. Así es como sobrevivimos. Incluso si el cambio nos parece aborrecible (ocupación, guerra), debemos aprender a estar en la experiencia como nosotros mismos, plenamente comprometidos con el momento y sin intentar perturbarlo con intereses personales. En los momentos de grandes cambios, no hay interés personal. Hay integridad comunitaria al servicio del resultado deseado: la supervivencia.

La perspectiva que ofrece *orunwin* sobre el cambio es la de la ecuanimidad. El cambio ocurrirá. Es inevitable, y las decisiones que tomes determinarán la fidelidad al destino que guardan los *ori*. Así, *orunwin* aconseja el tipo de aceptación que invierte la mente en su propia felicidad. Esto es ecuanimidad.

La ecuanimidad sitúa la respuesta de la persona por encima de la perturbación encontrada en la magnitud de la importancia. No es la condición lo que importa en lo que respecta a la ecuanimidad; es la respuesta del individuo a esa condición. Todas las cosas tienen el mismo valor en la vida y deben verse como partes de un todo que es el panorama general.

Los antiguos estoicos creían que la ecuanimidad traía la felicidad, colocando su práctica en lo alto de su lista de virtudes personales, creían que era suficiente para mantenerse feliz. Esto es similar a la idea de *oronwin* en el *Odú Ifá*. *Oronwin* es la energía del cambio, y el cambio en Ifá es un reto, un rito de paso que exige una respuesta que muestre su madurez como ser humano. Esa madurez, en orunwin, se ve en la capacidad de dar un paso atrás y considerar el lugar de cada cambio en la vida, ya sea cíclico (edad adulta, nacimiento, muerte, matrimonio) o incidentes únicos (pérdida económica o social repentina, accidentes, mala salud). Esto se resume en el rasgo de carácter de la ecuanimidad.

Las enseñanzas de Ifá en los arquetipos expresados en el *Odú Ifá* están orientadas hacia el autocontrol y la acción ejemplar. Que la ortopraxis sea central en la práctica de la religión sólo es posible en una persona que ha aprendido lo que es ser genuina y profundamente humana. En Ifá, esa humanidad profunda es la centralidad del espíritu en la vida encarnada. El *ori* debe ser seguido, el intelecto desarrollado y el espíritu sintonizado con su destino de servir a ese espíritu. Ese destino es servir a toda la gran calabaza.

Imagine el concepto Ifá de *atunwa* por un momento. Imagine los ciclos de la vida eternos con las almas de los fieles aprendiendo a través de la eternidad, actuando justamente a través de la eternidad, y sumando al *Odú Ifá* a través de la eternidad. El cambio es parte de estos ciclos de vida después de la vida, simultáneos y, sin embargo, alejados. El cambio es la naturaleza de la vida, siendo la muerte del cuerpo físico el mayor cambio que experimentaremos después de ese primer momento fuera del canal de nacimiento, goteando con el potencial de *irosun*.

## Un gran cambio

La mayoría de nosotros tememos la muerte. Es lo desconocido y, al igual que el cambio, a los seres humanos no les vuelve locos lo que no conocen o comprenden. Sin embargo, como todos los demás cambios de la vida, la muerte debe aceptarse. No hay alternativa. La muerte es el final.

Así, la ecuanimidad se convierte en el medio de Ifá para enseñar a los fieles sobre el mayor cambio de todos, la muerte del cuerpo material. En Ifá, no hay dicotomía entre el cuerpo y el espíritu. El espíritu de la humanidad está divinamente implantado como parte del cuerpo. Es único para el individuo y no es fijo. Al contrario, el destino de un individuo puede cambiar debido a sus acciones. El *ori* de un individuo puede mejorar o degradarse. La decisión de qué hacer con uno mismo depende exclusivamente del individuo. Sin embargo, la comunidad que le rodea y las personas que la componen le dejan muy claro cuál es la mejor opción.

En las metáforas e ideas exploradas en este capítulo, usted ha descubierto un corazón práctico y constructivo para la fe Ifá y el último don de la adivinación. Las lecciones de los *Odú Ifá* en *irosun* y *oronwin* tratan sobre el ciclo de la vida misma, llegando al miembro individual para prepararlo en esta vida para todo lo que vendrá. En todos nuestros ciclos, honramos y aumentamos nuestro potencial. Y en todas nuestras eternidades, cambiamos y nos transformamos profundamente.

# Capítulo 9: *Odú Ifá* II, Segunda parte - *Obara* y *okanran*

Llegamos al concepto de carácter interno. Comenzando con *obara* (fuerza) y concluyendo con *okanran* (humildad), hay una interacción entre las dos cualidades de las que todos podemos aprender algo poderoso.

## *Obara*

La fuerza puede ser un término confuso, mezclado con la cultura. Para algunos, significa ganar a toda costa y salir victorioso, sin daños colaterales. Sin embargo, esa es la cara negativa de *obara*, el odù/ arquetipo de la fuerza. En Ifá, el ego nace de la voluntad de poder personal, que excluye la humildad.

La imposición de la propia voluntad para prevalecer es lo contrario de la humildad, que busca su lugar entre muchos. El ego exige su lugar por encima de todos. Pero en Ifá, *obara* es también la cuna de la humildad.

Habiendo ya irritado a Olodumare con sus hábitos rudos y despectivos, los seres humanos estarían mejor servidos si no confundieran la fuerza con el interés propio. Porque en Ifá no se puede conseguir nada a costa de los demás cuando se siguen los mandamientos de la religión. Y ningún ser humano vivo puede igualar la fuerza del Creador.

Sin embargo, la humanidad puede ser un poco testaruda, por lo que la idea de que somos «más grandes que Dios» impregna ciertos momentos, llevándonos a comportarnos de forma irracional y contraria a la realidad. Nos cuesta admitir que el cielo no se ocupa sólo de nosotros, personalmente. No podemos evitar creer, al parecer, que la naturaleza fue creada únicamente para nuestro uso displicente.

El egoísmo es anatema para la práctica de Ifá por todas las razones sobre las que ha estado leyendo. *Odú Ifá*, trabajando en conjunto con las prácticas de adivinación de Ifá, tiene la intención de despojar a los seguidores de esta tendencia demasiado humana, reemplazándola con la verdadera fuerza de la cual *obara* es el arquetipo universal. Cuando se reforma la elevación del yo, la humildad tiene espacio para desarrollarse. Pero sólo cuando se produce esta transformación puede arraigar la verdadera fuerza.

## La fuerza para enfrentarse a la realidad

Últimamente, la realidad es otra cosa que a los humanos no parece importarnos mucho. Y, sin embargo, ahí está: El elefante en la habitación, observando toda nuestra diversión confabuladora. Sin embargo, la realidad es la verdad, y sólo podemos ser transformados por esa verdad enfrentándonos a ella.

Enfrentarse a la realidad es quizá la cuna de la ecuanimidad de la que hablábamos en el último capítulo, donde el vehículo se toca con la carretera, y aceptamos el cambio manteniendo la calma y continuando. Da miedo, pero todos debemos enfrentarnos a la realidad. Tenemos que admitir que la vida no siempre discurre como una cinta transportadora que nos lleva en una sola dirección predecible. Tenemos que hacer las paces con el hecho de que moriremos, somos finitos y nuestra existencia carnal no es el nexo de la realidad.

Debemos afrontar y discernir la realidad para las exigencias de un futuro de ecuanimidad bien desarrollada. Aprender que no siempre se puede obtener lo que se desea lleva más tiempo a unos que a otros. Pero debe aprender para sobrevivir y prosperar y graduarse a través de los ciclos de su vida eterna hacia la madurez espiritual. Y dentro de *obara* está la respuesta, que es la transformación del ego, haciendo espacio para que la humildad surja y lo abrume. Esta es una de las principales lecciones de vida de Ifá. La humildad está en el centro de su práctica como tejido conectivo de una sociedad ordenada comunitariamente.

## El carácter es humildad

Sólo cuando se domestica el ego se puede dejar espacio para la humildad. El ego tiene los codos afilados, exige todo el espacio posible. El ego se extiende, convirtiendo un asiento de dos del autobús en un asiento de uno.

Cuando el ego está debidamente domado, se contiene en su lugar, no se extiende para exigir más espacio del que le corresponde, sino que se ordena y gestiona para dejar espacio a la humildad. Como ha leído antes, la humildad es una característica humana clave apreciada en Ifá. La humildad nos lleva a considerar la otra parte de los argumentos, a tomarnos en serio las preocupaciones de los demás y a tener en cuenta su derecho a la paz y al bienestar en nuestras palabras y acciones.

La humildad es el núcleo de un buen carácter, comprometido con el proyecto de ser decente, respetuoso y considerado con las necesidades de los demás. Cuando el ego se extiende, ocupando más espacio del que una sola persona tiene derecho a ocupar, no hay espacio para la humildad, la autorreflexión o la autocorrección. La humildad es expulsada a codazos.

En *okanran*, exploramos la energía universal de la humildad y cómo su formación depende de conocer bien y de forma realista a *obara*.

## *Okanran*

En Ifá, *tutu* representa el equilibrio de la emoción y el pensamiento. Esto es necesario para liberar a los seres humanos de la falta de mente del cerebro de lagarto (la amígdala), que es la parte reactiva y primitiva del cerebro. Cuando se consigue el *tutu*, los pensamientos y las emociones se informan mutuamente, y el pensamiento atempera la emoción y viceversa.

La ilustración perfecta de lo que ocurre cuando pensamiento y emoción están desconectados la encontramos en el Tercer Reich. Como el objetivo era exterminar a los que se consideraba «el enemigo», para conseguirlo era necesario deshumanizarlo. Para ello, los nazis se dedicaron a intelectualizar el genocidio, rechazando toda aportación emocional sobre la humanidad de las personas a las que torturaban y mataban.

Cuando se desvincula el intelecto de la emoción, se da rienda suelta a la maldad robótica. Del mismo modo, los arrebatos reactivos, las discusiones, la violencia física y otros males sociales surgen cuando la emoción se separa del intelecto. Por lo tanto, ambos deben estar integrados para que el organismo humano esté equilibrado y sea activamente humano. El desequilibrio es otra desviación del plan original expuesto por Olodumare.

La metáfora de *okanran* es la de alguien que humildemente golpea alfombras, limpiándolas de suciedad. Esta precisión en la descripción del rasgo de la humildad es impresionante. Cuando pensamos en el que golpea la tela para desprender la suciedad incrustada, pensamos en la humildad: la realización de acciones invisibles e infravaloradas para el bienestar del que golpea y de los demás.

El que golpea la alfombra se beneficia tanto como los que la usan. Y así, en la base de la humildad hay un interés propio constructivo. La vida es más feliz con en una alfombra limpia. El que golpea la alfombra se siente tan cómodo como los demás. En realidad, lo que se vence es el ego, ya que el interés propio constructivo incluye a los demás.

*Okanran* es la solución al impulso desproporcionado del ego. Mientras el ego mira al mundo y lo ve como suyo, la humildad hace lo mismo y se da cuenta de que forma parte de un todo mayor. La humildad no presume de primacía, mientras que el ego la exige a expensas de los demás.

Cuando el seguidor de Ifá se da cuenta de que el ego se interpone en su desarrollo espiritual, *okanran* instiga el ciclo que lo provoca. El ego debe ser contenido para que la humildad irrumpa en el espacio que el ego antes había «acaparado».

El aspecto negativo de *okanran* resulta de no equilibrar las emociones con los pensamientos. La primera línea de ataque es equilibrar los pensamientos y las emociones, fortalecer el *ori* y hacer crecer la humildad hasta la estatura que le corresponde.

Cuando crece la humildad, la vida se renueva. Llegamos a comprender que nuestra lectura subjetiva del mundo, situándonos a nosotros mismos en el centro, es ilusoria. Aquí nos enfrentamos de verdad a la realidad, mirando en sus profundidades para descubrir la verdad: que formamos parte de algo mucho más grande que nosotros o que nuestros inquietos egos. El siguiente ciclo de la vida está recién realizado cuando la humildad toma su asiento y comienza a crecer su influencia.

## *Iwa Pele*

El buen carácter está arraigado en la humildad, y en Ifá, un carácter bueno (o gentil) se llama «*Iwa Pele*». A lo largo del odù, se hace referencia a Ifá, para lograr *Iwa Pele*. Como se ha visto, esta guía se resume en los dieciséis mandamientos, dejando claro lo que una persona de buen carácter hace y no hace.

*Iwa Pele* busca la humildad, pero también la generosidad, la sabiduría, la verdad y la paciencia. El buen carácter está arraigado en la humildad porque la humildad entiende que necesita crecer para llenar el carácter del ser humano en el que está sembrada. Ese crecimiento alimenta la búsqueda de las demás virtudes de las que *Iwa Pele* está sediento para nutrirse como espíritu preparado para la vida.

Sin embargo, el cultivo de *Iwa Pele* es central también por el bien de la comunidad en la práctica de Ifá. Una comunidad caracterizada por todas estas virtudes es feliz y consciente de los demás y del espíritu. Tal comunidad atrae el favor de los ancestros, orishas y Olodumare.

Cuando se practican estas virtudes, la comunidad aprende el significado de la paz, preparando el camino del *Iwa Pele* a la vida del espíritu, informada y santificada por *Odú Ifá*. Y la comunidad es el modelo de la Fe. Crear comunidades humanas de *Iwa Pele* y restaurar la comunidad entre ambas mitades de la calabaza cósmica allana el camino para ciclos eternamente giratorios de cambio transformador.

La humildad en Ifá significa algo más de lo que significa para la mayoría de nosotros. La visión de Ifá sobre la humildad abarca la comprensión de que no somos islas ni triunfamos gracias a nuestra inimitable virtud personal. Tenemos éxito como parte de una comunidad de actores que participan como uno solo para crear ese éxito.

Sin embargo, algo que Occidente no entenderá es que Ifá no se adhiere estrictamente al concepto de un alma individualizada. En Ifá, aunque *ori* se asigna al individuo, no es más que una emanación de Olodumare, la esencia de lo Divino en nuestros cuerpos mortales y *ori*. La humildad, en Ifá, es la ubicación del ego humano dentro de un gran todo del cual no es ni mejor ni peor, ni menor ni mayor. Ifá enseña que todo es una sola cosa, que emana de la misma fuente Divina. En ese modelo, la humildad es el conducto por el que la humanidad puede volver a reflejar la intención Divina a su favor.

*Okanran* consiste en conocer nuestro lugar en la gran cosmología de las cosas, sin pretender que tenemos derechos especiales que superan o desafían los de los demás. La humildad del limpiador de alfombras actúa en beneficio del conjunto, asegurándose de hacer su parte por la integridad de todos en Olodumare.

# Ifá lo arreglará

*«No se estropeará en nuestro tiempo.*
*No se estropeará en nuestro tiempo.*
*El mundo no se estropeará en nuestro tiempo.*
*Ifá lo arreglará».*

# Wande Abimbola

Ògúnwáñdé «Wande» Abímbọ́lá es un académico y profesor nigeriano de lengua y literatura yoruba. También es jefe, instituido por los *babalawos* de Yoruba, y su definición de Ifá es la de una filosofía de vida salvífica por mandato divino.

Wande Abimbola enseña lengua y literatura en Nigeria
*https://unsplash.com/photos/wiUl_NyafcY*

«Ifá lo arreglará» es una afirmación fuerte e inequívoca, y de nuevo me viene a la mente la rectitud cotidiana de los judíos haredi, con su afirmación de que la práctica de las 613 mitzvot restaurará la Creación. La implicación en Ifá es la misma, al afirmar que practicar los dieciséis mandamientos y seguir las enseñanzas ofrecidas en la adivinación, se logrará el gran proyecto de restaurar la integridad del cosmos.

Mientras que muchas religiones presentan la destrucción purificadora, postulando que la Creación resurgirá de sus cenizas, Ifá elige el método de las «mejoras caseras». En lugar de derribarlo todo, busca reparar la estructura, devolviéndola a su estado original.

En el judaísmo, esto significa la práctica de una vida ética y humilde, sin dejarse llevar por los impulsos del inquieto ego humano. Sin embargo, esta vida humilde no pretende ser un sacrificio o una jaula en Ifá. Vivir en comunidad y ser consciente del bienestar de esa comunidad es un modelo para una vida satisfactoria en la Tierra. La práctica de Ifá beneficia a todos los seres humanos vivos y a toda la Creación. Es la práctica de vivir el momento para el futuro y el pasado, porque pasado, presente y futuro son una sola cosa dentro de un ahora que determina la salud del todo integrado. En este modelo, el ahora es el punto de giro.

Ese punto de giro es más dinámico en la práctica de la adivinación. Como se ha dicho, la adivinación es una guía que permite a los suplicantes que buscan el apoyo del *babalawo/iyalawo* influir en el progreso de sus destinos siguiendo el consejo del odù indicado y las interpretaciones del sacerdote. Esta agencia por parte de los seguidores de Ifá es el ejercicio del libre albedrío dentro de un marco comunitario. Dentro de ese marco, el individuo busca la acción más beneficiosa para su bienestar y el de la comunidad.

El ahora, en Ifá, forma parte de la revolución eterna del tiempo, con el pasado, el presente y el futuro interactuando de maneras misteriosas que dan como resultado destinos realizados. «Ifá lo arreglará», como escribió el jefe Wande, es una afirmación situada en el futuro. Como afirmación, es una declaración segura de una realidad futura. Ifá lleva 8.000 años arreglando el mundo. Está arreglando el mundo ahora. Arreglará el mundo mañana. La declaración del jefe Wande rechaza la escatología de otras religiones y pone el destino del mundo firmemente en manos de los vivos y de la religión que siguen.

El arquetipo de la humildad, *okanran,* es un pilar temático de Ifá que vincula todos sus complejos temas a una única cualidad. La reparación del mundo depende de la humildad, e Ifá no actúa como un club privado para quienes practican una religión para calmar sus almas. Ifá actúa como un regalo al mundo, las acciones de los fieles reparan lo que ha quedado obsoleto o dañado. Nada en la Creación es irreparable. Sólo necesita el amor de la acción comunitaria, dirigida a la curación de la Creación.

La manifestación negativa de *obara* (fuerza/ego) se vence con la ascensión del *okanran* que golpea la alfombra, mientras se elimina el polvo para que todos puedan volver a disfrutar de la alfombra con humildad. Como ha escrito el jefe Wande, Ifá lo arreglará.

En el próximo capítulo, pasaremos al *Odú Ifá* III.

# Capítulo 10: *Odú Ifá* III, Primera parte - *Ogunda y osa*

En este capítulo, examinaremos *ogunda* y osa, los dos primeros odù s del *Odú Ifá* III. El tema del cambio transformador es central en este capítulo, y *ogunda* y *osa* sirven a ese proyecto en sus funciones respectivas y complementarias. (Nota: Los temas son los mismos que se encuentran en el capítulo seis, con *ogbe* y *oyeku*, con las energías expresadas en los respectivos odù personificados de forma algo diferente. Es interesante notar que distinciones como éstas son parte del proceso didáctico de la adivinación de Ifá).

## *Ogunda*

*Ogunda* es un arquetipo de transformación, pero en ese arquetipo está la habilidad de remover obstáculos. Lo que crea esta energía natural es la creación de oportunidades y la habilitación de nuevos ciclos de crecimiento y desarrollo personal.

Muchos de los obstáculos que elimina *ogunda* son autoimpuestos. Los seres humanos y los egos con los que luchamos pueden llevarnos a todo tipo de comportamientos perjudiciales para nosotros mismos, nuestras comunidades y nuestros destinos.

La mayoría de las religiones hablan del comportamiento destemplado como perjudicial para el alma humana. Ifá habla de este comportamiento como algo que impide que los *ori* funcionen como es debido e interfiere y corroe el bienestar de la comunidad. El exceso de alcohol, el consumo de drogas, las peleas y otros malos hábitos humanos tienen un claro efecto dominó reconocido en esta Fe centrada en la comunidad.

*Ogunda* habla directamente de la conexión del practicante con los *ori* y de todas las cosas que se interponen en el camino de esa conexión crucial. El ego es uno de los grandes obstáculos, especialmente para el crecimiento de la humildad (como se discutió en el último capítulo). Cuando se le permite explotar hasta el punto en que el yo es lo preeminente, el ego conduce a comportamientos aberrantes que son perturbadores y dañinos para uno mismo y para los demás.

El papel de *ogunda* en la transformación consiste en despejar los obstáculos que nos impiden movernos por la eternidad sin el impedimento de los hábitos negativos de pensamiento y emoción. En el *ori* integrado, la sede del destino se limpia de obstáculos y escombros, permitiendo el libre movimiento del intelecto, las emociones y el espíritu hacia el destino.

## Paciencia y autocontrol

Los principales atributos enseñados por *odù ogunda* son la paciencia y el autocontrol. La paciencia es una función del individuo equilibrado. La emoción se atempera con el pensamiento, y el pensamiento se filtra a través de la emoción. No sólo se tienen en cuenta las emociones de la persona que busca a *ogunda*, sino también las de los demás, en la familia y la comunidad. Cuando se fomenta la paciencia en el ser, se alcanza la perspectiva y la capacidad de ver con claridad sin prejuicios ni autoengaños.

El autocontrol es un problema tremendo para muchas personas. No pensamos antes de actuar y no cuestionamos la validez de nuestros pensamientos. En el calor del momento, rara vez nos tomamos un momento para interrogar hacia dónde nos llevan nuestros pensamientos. Sin embargo, para ser humildes, debemos hacerlo. La humildad es el aliento que tomamos antes de que la rabia al rojo vivo salga de la boca, quemando todo lo que toca.

*Ogunda* es un campo de pruebas para el dominio humano de *ori*. Para honrar y vivir en la trayectoria de nuestro verdadero destino, nuestra indulgencia egoísta y nuestra obsesión deben ser sometidas a la retroexcavadora de *ogunda*. Si no está al servicio de su destino, será arrasada.

El autocontrol no es morderse la lengua; el autocontrol es un autoexamen sensato que no comienza segundos antes de un posible conflicto interpersonal. La capacidad de controlar las emociones y afrontar la discordia con ecuanimidad y plácida confianza es una disciplina cotidiana que se practica durante toda la vida. Se hace más fácil, pero como somos humanos, el trabajo nunca termina.

## Volver a *Iwa Pele*

Como aprendió en el último capítulo, *Iwa Pele* es un carácter bueno o amable. Este es otro pilar de Ifá. Una persona de buen carácter está viva para los *ori*, y su destino nace dentro de ella.

Una persona de carácter gentil también puede controlar mejor sus emociones y es infinitamente paciente con los momentos duros de la vida y las personas que los causan. Esta persona entiende que todo cambia y evoluciona y que cuantos menos obstáculos haya que impidan el cambio evolutivo, mejor será finalmente la Creación. Ifá lo arreglará.

En *ogunda* está la formación del carácter. Convertir la tendencia humana a entregarse en exceso a los malos hábitos hacia la búsqueda más noble de seguir y realizar a *ori* es el fruto de *ogunda*, el eliminador de obstáculos y el creador de oportunidades y nuevos horizontes.

Para *Iwa Pele* es fundamental el temperamento porque es en el temperamento que vemos la verdad sobre las personas. Vemos su madurez o falta de ella en su capacidad para controlar las reacciones emocionales. En el temperamento humano están las bases del liderazgo.

Mientras lee, espero que esté conectando con la interacción de las energías representadas por los odù que estamos discutiendo. Como puede ver, lo que está emergiendo es una instantánea de la misión del *Odú Ifá*: Enseñar a los seguidores las lecciones aprendidas por los ancestros y recogidas por los *babalawo/iyalawo* como modelos para vivir. Cada odù tiene una energía específica, que trata temas similares y superpuestos. Dentro de cada energía está la vibración de cada variación y lo que significa en términos de vivir con integridad en el modelo de Ifá. Y todo esto es para transformar la vida del seguidor para que esté en línea con el propósito del destino, tanto colectivo como individual. En cada odù hay un mundo de autodesarrollo e información sobre cómo podemos mejorarnos a nosotros mismos por el bien de todos.

*Iwa Pele* es la meta de todos los seguidores de Ifá. En *ogunda*, la paciencia y el autocontrol necesarios para alcanzar el estatus de *Iwa Pele* se alimentan limpiando lo que impide el progreso. Esto nos lleva a *osa*, que es otra limpieza con implicaciones explosivas.

## *Osa*

Todo lo que ocurre en la vida no puede atribuirse a nuestras propias acciones. Decir que eso es cierto es repetir una ficción. La realidad excluye la creencia fantástica de que la controlamos. Controlamos nuestras reacciones a lo que ocurre, pero no controlamos la realidad. Somos los sujetos de la realidad y elegimos cómo responder a esa condición de sujetos. Ese es nuestro lugar de control: nuestra respuesta.

*Osa* es aquello sobre lo que no tenemos control. Es una ribera que se rompe, arrojando agua a la calle y empujando vehículos con su temible fuerza. *Osa* es la tormenta, los trozos de granizo que abollan los techos de los autos. *Osa* es un terremoto que arrasa una ciudad. *Osa* es lo inesperado, lo catastrófico.

Sin embargo, en el cataclismo se produce el choque del renacimiento. Cuando todo se ha venido abajo de repente, no queda más remedio que volver a construir, que es uno de los principios de Ifá. Todo lo que se ha hecho está sujeto a cambios. Nada está completo. Nada es perfecto. El cambio no se detiene. En el cosmos en constante evolución de Ifá, lo que ya no sirve se transforma, se recicla y se reutiliza. Se restaura para reflejar más fielmente la intención original de la Voluntad Divina.

## El cataclismo como revolución

*Osa*, como se mencionó anteriormente, es el cataclismo inesperado. Justo cuando cree que todo está en orden, llega *osa* para desmentir las tontas suposiciones. En nuestra comodidad y autocomplacencia por lo estupendas que son nuestras vidas, olvidamos que puede ocurrir cualquier cosa. Olvidamos que nuestra presunta virtud no es un baluarte contra lo imprevisible.

La enfermedad grave puede pertenecer más bien al reino de *oronwin*, que es el caos al servicio del orden. Aunque inesperada, viene de dentro. Proviene de nuestro destino, y es en la forma en que elegimos afrontar una enfermedad grave donde tiene lugar el aprendizaje. Por otro lado, *osa* es totalmente externa a nosotros, y se estrella contra nuestras vidas bien ordenadas como un toro desbocado.

Cualquier cosa puede ocurrir en un mundo natural cada vez más desafiado por la actividad humana, dando lugar a climas extremos de todo tipo. El mundo natural se rebela y nos castiga con huracanes o tsunamis destructivos, y nosotros formamos parte de él. Intrínsecos a él, pero a la vez asombrados por él, nos encontramos en el camino de la rebelión del mundo natural contra nosotros.

Y cuando nos golpea, el mundo que conocemos, que nos alimenta, nos riega y es nuestro hogar, se convierte de repente en un enemigo que amenaza con eliminarnos de su superficie. La respuesta estándar es «¿Por qué?» «¿Por qué yo?» «¿Por qué aquí?». No podemos hacer nada. O hacemos las maletas y nos alejamos de la catástrofe natural que nos acecha, o nos quedamos, arriesgándonos. Esta última opción fue la que tomaron muchos en Nueva Orleans cuando el huracán Katrina abatió Crescent City el 29 de agosto de 2005. Los residentes de Nueva Orleans ya habían pasado por todo eso antes. Muchos huracanes habían azotado la ciudad durante su larga vida y habitan en la memoria reciente de los residentes. Algunos habitantes de Nueva Orleans pensaban que ya conocían el terreno. Tenían las cosas claras y se quedaron.

Muchos murieron. Muchos perdieron casas que habían pertenecido a sus familias durante generaciones. Pero casi dos décadas después del desastre de los diques federales de Nueva Orleans, una pista de cómo el caos sólo sirve al orden que reconoce como orden, los habitantes de Nueva Orleans siguen cantando:

«*Mientras tanto, es mejor que te diviertas.*

*Mientras tanto, puede que no haya una próxima vez.*

*Mientras tanto, será mejor que muevas ese bonito trasero, nena».*

Ivan Neville, Dumphstahfunk

Siguieron viviendo, trabajando y amando en Nueva Orleans, sabiendo que la naturaleza podría volver a hacer de las suyas. Y sin embargo, ahí están.

## El peor día de su vida

Todo el mundo guarda en su mente un relato sobre el peor día de su vida. Para la mayoría de los habitantes de Nueva Orleans, fue el día en que se rompieron los diques. No bastaba con que un huracán de categoría 5 se abatiera sobre Nueva Orleans. Los diques, construidos por el supuestamente competente Cuerpo de Ingenieros del Ejército, cedieron ante la embestida del poderoso huracán.

Así, la humanidad no supo colaborar con la naturaleza limitando su potencial de destrucción. La naturaleza y sus comportamientos no tienen ética, ni moral, ni pensamiento. En este sentido, la naturaleza es como la Divinidad. Sus caminos no son los nuestros. Sin embargo, en aquel fatídico día nuestros métodos no sirvieron a la naturaleza en su conjunto al descuidar el elemento humano: los habitantes de Nueva Orleans.

Nadie puede imaginarse vivir un día tan horrible como el de Nueva Orleans si no estuvo allí. Sin embargo, uno puede imaginar el terror de toda esa agua viniendo. Hemos visto la destrucción de la que es capaz el agua, especialmente cuando los humanos se desentienden de proteger a los más vulnerables.

Al terror del Katrina se añade la traición de otros humanos a un colectivo que consideraba indigno de protección financiada por el gobierno en una ciudad propensa a los huracanes. ¿Cómo no iba a ser ese día el peor de su vida? Pero la destrucción del Katrina duró ocho largos días, causando casi 2.000 muertos y miles de millones de dólares en daños.

*Osa* es el cataclismo, mientras que *ogunda* tiene la clave de la supervivencia. En el caso del Katrina, la ecuanimidad aporta a los que sobrevivieron el valor para seguir adelante. Después de ver su ciudad inundada, abandonada en gran parte por el gobierno federal, mientras los cuerpos humanos flotaban en las calles, ¿cómo sigue adelante? Simplemente lo hace porque la comunidad está ahí, y siempre lo estará mientras la tierra esté por encima del agua.

Como puede ver, las energías descritas en este capítulo están sincronizadas con las que se tratan en ogbe y oyeku en el capítulo seis, pero con agendas energéticas divergentes. En oyeku, el cambio inesperado procede del interior. En *osa*, es externo. Del mismo modo, ogbe elimina obstáculos, pero confía en el servicio de seguir los impulsos del destino de los *ori*. *Ogunda* elimina obstáculos expresados físicamente en hábitos corrosivos que conducen a la desunión y la disfunción. Los símbolos son los mismos, pero las agendas son diferentes en calidad energética.

Mientras tanto, de vuelta en Nueva Orleans, puede que la ciudad no se haya renovado como se esperaba, pero la cultura de la comunidad sigue prosperando y creciendo, resurgiendo del cataclismo con una alegría triunfante. La supervivencia es la necesidad a la que debemos servir para afrontar la realidad, y esto es evidente en la recuperación cultural y comunitaria tras el Katrina. Nada de esto es atribuible a nadie ajeno a esa comunidad. Todo esto fue y ha sido logrado por personas que modelan la ecuanimidad como forma de vida.

En la letra de la canción «Meanwhile», que aparece al principio de este capítulo, no es difícil percibir la ecuanimidad de una población acostumbrada a los cataclismos. Desde la fiebre amarilla hasta el Katrina, Nueva Orleans ha sufrido numerosas patadas giratorias. Sin embargo, a través de todo ello, la comunidad se ha levantado una y otra vez con música y cultura, entonando siempre la canción del destino clavada en su garganta.

## Cataclismo cíclico y renacimiento

Nueva Orleans es fácilmente identificable como icono de la cultura negra estadounidense. Con su extraordinario legado de segundas líneas, indios del Mardi Gras, Louis Armstrong y Little Wayne, la ciudad es un hervidero de los vínculos más vibrantes de la América negra con África. Estos vínculos son evidentes en el vudú, que se practica y se celebra en esta ciudad de mayoría católica romana. El Hoodoo también se practica como un legado vivo arraigado en los abusos de la plantación, algunos de los cuales aún se mantienen en majestuoso esplendor para satisfacer la curiosidad de los visitantes.

Dentro de los cataclismos cíclicos que jalonan la larga y accidentada historia de Nueva Orleans hay múltiples renacimientos que hablan de un espíritu inquebrantable. En ese espíritu hay ecos de Ifá. Esos ecos están en la paciencia, la fortaleza y la ecuanimidad de un pueblo aparte, que cabalga sobre el caos que se esconde bajo el orden como un tranvía. Se bajan en la siguiente parada y se unen al desfile de la Segunda Línea, armándose de la pandereta más cercana.

Y esa es la lección combinada de *ogunda* y *osa*. Con paciencia y autocontrol, nos bajamos en la siguiente parada y seguimos adelante en pleno dominio de nuestras emociones. El pasado ha terminado. Puede que no haya una próxima vez, pero siga adelante y sacuda ese bonito esqueleto porque los ciclos vienen y van. Ciclos de vida, que caen y se elevan en una sucesión cataclísmica mientras la vida salta alborotada de escombros, que pronto serán reciclados. Suenan las trompetas y palpitan las tubas. El asfalto canta con pies danzantes.

No se trata de sugerir que Nueva Orleans es un microcosmos de la práctica de Ifá, pero lo que está claro es que el espíritu está ahí, en la gente. Ninguna religión puede vivir 8.000 años sin formar parte del ADN de un pueblo, tanto cultural como físicamente. Visite el Templo Vudú de la calle Rampart y compruebe hasta qué punto esto es cierto. Sea testigo de la supervivencia de tradiciones originarias de Haití (la Segunda Línea y las casas escopeta, para empezar). Viva la experiencia de gente que no para de bailar, cantar, jugar, crear, construir y derribar mientras las calles están llenas.

El cataclismo y el renacimiento son la naturaleza de Nueva Orleans, como lo son de la calabaza cósmica de Ifá. Cada impacto catastrófico de la naturaleza da lugar a un nuevo crecimiento, y la que la gente lo sabe en sus almas.

# Capítulo 11: *Odú Ifá* III, Segunda parte - *Ika* y *oturupon*

En la segunda parte de nuestra exploración, sección III, exploramos dos odù/ arquetipos, que hablan de dos aspectos opuestos de la personalidad humana: El poder y la debilidad. Examinaremos sus misiones energéticas y la interacción entre *ika* y *oturupon*.

## *Ika*

En *ika*, el *Iwa Pele* (carácter bueno/suave) se transforma para convertirse en poder personal. Todos manifestamos el poder personal de diferentes maneras. En *ika*, el poder se exterioriza en la invocación de la sabiduría en la palabra hablada. El poder personal sigue siendo el acto de afirmar el yo y sus verdades, pero también es decir esas verdades como un reflejo público del yo.

El yo no puede afirmarse (totalmente) desde dentro. Para lograr la autoafirmación, se necesita un fuerte sentido de uno mismo y de su relación con el mundo. Sin embargo, la mayoría de nosotros no tendrá ese sentido de sí mismo hasta la segunda década de su vida. Otros no lo tendrán hasta mucho más tarde. Sin embargo, en la mayoría de los casos, nos comprendemos a nosotros mismos y nuestra posición en relación con el mundo y los demás observando lo que reflejan. A partir de las impresiones de los demás y de nuestras interacciones con ellos, aprendemos sobre nosotros mismos y sobre quiénes somos. A medida que crecemos, descubrimos nuestro poder.

Pero *ika* propone que la verdad de la persona está en la palabra y en la sabiduría que la impulsa. Surgido del *ashé*, el poder personal es la capacidad de crear y participar en el cambio y de hacer que las cosas sucedan en el mundo que le rodea.

Todavía tenemos que hablar del *ashé* en este libro, pero el *ika* es donde el *ashé* es más poderoso energéticamente, guiando al creyente hacia el poder que hay en su interior. En la palabra informada por la sabiduría, *ashé* se realiza, e *ika* es donde eso sucede.

El poder personal es lo que nos sostiene a todos, dándonos la capacidad de caminar por la calle, interactuar con otras personas y vivir nuestras vidas. Sin embargo, el poder personal es mucho más que ser capaz de funcionar en el mundo. En el *ashé*, el poder personal se hace casi material, manifestándose como el desarrollo de la sabiduría hecha totalidad en la palabra hablada.

Como signo de poder, la palabra hablada no sorprende en Ifá, una religión que se basa en la tradición oral para transmitir su sabiduría ancestral. La sabiduría se recoge para ser compartida, y cuando no se puede hacer un relato escrito, esa sabiduría debe ser hablada. En el *babalawo/iyalawo*, la sabiduría recopilada de los antepasados se encarna como un depósito de la suma de los muchos dones de Ifá. Esa palabra hablada es la voz viva de los ancestros y los orishas, hablando como los atributos de un Dios distante.

## El don de Olodumare

*Ashé* es el mismo poder que creó todo en el universo. Es una infusión directa del Poder Divino en todos los humanos, plantas, rocas, agua y todo lo demás. *Ashé* es la fuerza vital que nos anima y sostiene como seres creados. Sin *ashé*, nada puede existir. Es un don Divino que vive en todos y hace que todos vivan.

*Ashé* se manifiesta más poderosamente en la palabra hablada cuando habla en la sabiduría de los ancestros y actúa en esa misma sabiduría. Como los *ori*, *ashé* es específico de la persona, organismo u objeto que anima. Aunque forma parte de algo más grande, como *ori*, está contenido en su individualidad (unidad personal de conciencia).

Con el don de la adivinación, *ashé* es honrado con la sabiduría, enfatizando de nuevo la importancia de la práctica. Como poder Divino (potencial en lo humano), *ashé* debe ser alimentado para convertirse en la voz autorizada que está destinado a ser. Con la infusión de sabiduría proporcionada por la adivinación, el creyente crece en *ashé*, alcanzando su plena manifestación en el destino de los *ori*.

*Ika* es donde el *ashé* crece en el poder de la palabra. Como el poder de la palabra es la manifestación más elevada de *ashé*, formarlo y realizarlo es la fuente de curación y transformación. El aspecto negativo de *ika* es la tendencia a abusar del poder personal para entregarse a chismes ociosos a expensas de otras personas. Sin embargo, el *ashé*, que está bien formado en la sabiduría y el poder de la palabra, es el *ashé* verdadero y positivo que permite a la humanidad el lujo del poder Divino dentro de un teatro circunscrito: la palabra. De este teatro procede el poder infundido con sabiduría, que lleva adelante las intenciones de Olodumare para la evolución continua y eterna de la Creación.

## Oturopon

Oturopon es la energía de la enfermedad, especialmente de las enfermedades infecciosas. Sin embargo, también es la energía de la protección contra la enfermedad. El poder de *ika* se yuxtapone a la debilidad que inflige la enfermedad, golpeándonos y abatiéndonos. Pero la enfermedad es un arma de doble filo en el organismo humano. Como hemos visto con la pandemia, el sistema inmunitario puede fortalecerse cuando se expone a una enfermedad infecciosa, evitando la muerte y enfermedades graves y prolongadas.

Cuando llegó el COVID no había vacuna, aunque la ciencia llevaba años intentando producir una. Cuando la vacuna llegó y se difundió, la gente seguía enfermando por el virus. Sin embargo, la mortalidad se redujo. Estos efectos aumentaron con las segundas vacunaciones y las dosis de refuerzo. A medida que se reforzaba el sistema inmunitario de las personas, el virus empezó a disminuir y hubo menos huéspedes vulnerables disponibles para infectar; la difusión se redujo radicalmente y ahora está en vías de ser controlada, si no eliminada.

La pandemia nos enseñó algunas lecciones oportunas sobre el mundo moderno, sus comodidades, su velocidad y las expectativas de las personas que viven en él. El virus nos enseñó que nuestras cadenas de suministro son frágiles. Aprendimos que mientras los virus se mueven con rapidez, la ciencia no. Una vez que un virus ha arraigado, erradicarlo es un procedimiento largo y doloroso.

La energía de *oturopon* funciona exactamente igual. Identifica soluciones a las enfermedades. Pero en el aspecto negativo de la energía, la enfermedad se utiliza como herramienta de limpieza, por lo que oturopon, como la propia enfermedad, es un arma de doble filo. Trae enfermedades al mundo, enseñándonos a defendernos de ellas.

Y ese sistema de defensa es el complejo de aprendizaje del que disponen los creyentes de Ifá. Cuando el *ashé* se alimenta de sabiduría y se expresa en el poder de la palabra, el cuerpo se fortifica. Porque, como ya se ha dicho, la mente y el cuerpo, como todo lo que existe, son una sola cosa. No existe nadie sin mente, y sin cuerpo, ¿qué puede hacer la mente? ¿Con qué interactúa?

Entonces, ¿cómo existen los *ori*? ¿O los *ashé*? ¿Cómo pasa nuestro poder a la otra vida sin la carne? Sencillamente, los *ori* y los *ashé* son Olodumare en nosotros. Personalizados para el individuo, pero la materia prima de la Divinidad, estos aspectos del ser humano en el modelo de Ifá deben ser reciclados, reutilizados y reimaginados a medida que avanzan en el tiempo. Desarrollados por y para nosotros, y nuestras interacciones con la sabiduría de la palabra, los *ori* y los *ashé* están sujetos a la evolución, como todo lo demás en la cosmología de esta religión. Y puesto que proceden de Olodumare como regalos, continúan al servicio de Olodumare a medida que nuestros ciclos giran, y estos pequeños fragmentos de destino y poder personal continúan su próxima aventura. A medida que lo hacen, su aprendizaje continúa, alimentando la Creación con los dones eternos, ahora reciclados, del Dios distante.

El destino y el poder como dones de Dios, otorgados y por tanto destinados a servir a Dios, los libera para proseguir hacia la eternidad. En cada ciclo de su existencia material, el cuerpo se ha transformado con la mente para cumplir el despliegue simultáneo del destino. No es obsoleto, sino necesario para alimentar la tierra mientras los *ori* y los *ashé* prosiguen su viaje eterno.

## La autodefensa es el poder de la palabra

Oturopon nos produce y nos cura de la enfermedad. Las enfermedades físicas infecciosas son sólo el comienzo, porque las mayores enfermedades a las que la humanidad es propensa son las enfermedades de la mente: La vanidad, la ira, el engaño, la obsesión egoísta y el odio son sólo algunas de ellas. Con el poder de la palabra, estas enfermedades se expulsan de la mente. Sin embargo, nuestros sistemas inmunitario espiritual e intelectual se fortalecen tal como son. El *ashé* crece en el organismo humano libre de enfermedades. Cuando el *ashé* es fuerte, el cuerpo es fuerte porque la mente es fuerte.

Al crear la enfermedad y proponer la solución de alimentar al *ashé*, oturopon nos enfrenta a la realidad. Somos criaturas de Olodumare, y como criaturas, nos viene bien la práctica de la adivinación, en la que descubrimos nuestro poder personal, la última defensa contra los males de los que es presa la vida humana. El poder de un ser humano reforzado con la sabiduría de los antepasados es difícil de quebrantar. También es ejemplar, ya que presenta a la comunidad el poder de la palabra impregnada de sabiduría.

*Ika* y oturopon tienen un mensaje dinámico sobre la naturaleza de ser humano de forma holística y consciente. Las amenazas que tememos son las amenazas para las que debemos prepararnos cada día de nuestras vidas. No son ni lejanas ni cercanas. Estas amenazas son un potencial a la espera de una oportunidad. Nos defendemos de ellas mediante la práctica de acumular sabiduría y actuar en consecuencia en beneficio de la mente y el cuerpo como una realidad integrada.

Defenderse de las amenazas a la salud del organismo es una función de la adivinación, que tiene el poder de cambiar el destino. *ika* defiende, mientras que oturopon recuerda a los creyentes por qué la defensa es un imperativo. La sabiduría del *ashé*, poderosa y llena de palabras, que refleja a Olodumare, refleja la sabiduría de los antepasados al servicio de ese Dios. Es el poder divino en bruto que lo creó todo. En el organismo humano, puede servir o puede tambalearse. En el servicio, se erige como *imago dei* (imagen de lo Divino), mostrando la fuerza de generaciones de sabiduría que impregna cada célula y estructura del adepto cuyo poder personal está arraigado en la palabra.

En la adivinación, la vida del suplicante está conectada con la vida de los antepasados y el mundo de los espíritus. Con la palabra mediadora de *Odú Ifá*, que atraviesa el tiempo y las dos mitades de la calabaza cósmica, se encuentra la cura a las enfermedades de la humanidad. El poder del verdadero *ashé* se refuerza, y el suplicante es liberado para vivir en el destino previsto de los *ori*.

La palabra que llega a la humanidad en la adivinación para ordenar la vida y realizar el destino contiene la curación que buscan los humanos. Todos los niveles de curación son evidentes aquí, en el cuerpo/mente, en la comunidad y entre los humanos y el mundo espiritual. La llamada de *ika* a desarrollar el poder personal en la palabra es intrínseca a esta tradición oral. La tradición oral en el centro de Ifá está encapsulada en esta demanda de poder para ser vivida en la palabra de sabiduría como la expresión de *ashé* que está más en sintonía con su fuente-Olodumare.

A continuación, pasamos a la última parte de *Odú Ifá* tratada en este libro. Aunque aquí sólo estamos rozando la superficie y proporcionando información por el bien del interés, esperamos que usted continúe buscando. La fe Ifá, como ha visto, es compleja y sofisticada. Merece una exploración mucho más profunda que la ofrecida en estas páginas.

# Capítulo 12: Odú Ifá IV - Otura, irete, ose y ofun

Nuestro capítulo final sobre el *Odú Ifá* contiene los cuatro *odú*. Como se explicó al comienzo del capítulo seis, estos cuatro odù son menos complejos -especialmente después de absorber muchas valiosas narraciones del *Odú Ifá* en los capítulos anteriores.

## *Otura*

En el mundo de *otura*, la comodidad es la capacidad de verlo todo a través de la lente del misticismo. Este tipo único de visión representa al adepto que encuentra su camino hacia Olodumare compartiendo la visión Divina.

La raíz del misticismo es *ori*, y la base de *ori*, completamente integrada y preparada para la eternidad, es *otura*. *Otura* es el propósito y el destino del seguidor. Cuando éstos están alineados con los de Olodumare, el seguidor de Ifá está en sincronía con su propósito.

El lado negativo de *otura* es dirigir a los *ori* hacia una identificación equivocada, que generalmente se manifiesta como una identificación extrema con un grupo fuera del marco de Ifá. El nacionalismo, el racismo y la obsesión narcisista (identificación extrema con el yo por encima de todo) son ejemplos de identificación errónea y corrosiva en *otura*.

El misticismo es el consuelo de pertenecer a algo inmaterial. Es el abrazo del mundo sobrenatural, que guía al individuo hacia lo invisible, como una gallina guía a sus polluelos hacia el gallinero.

Derivado de la palabra griega *mysterion*, que significa «ritual o creencia secreta», esta palabra también deriva del griego *mystes*, que significa «novicio». La raíz de *mystes* es *muen*, que significa «cerrar» (refiriéndose a la boca/ojos). Esto implica que el misticismo es un proceso interno e independiente de los sentidos físicos. El misticismo no se persigue discutiendo, viendo o aprendiendo; el misticismo se experimenta en el núcleo del ser humano que se alinea con la Fuente Sagrada.

El misticismo busca una conexión fundamental del ser humano con la Fuente de todo lo que es. Parte de esa conexión es su naturaleza personal e íntima, que crea una variedad muy específica de abrazos compartidos entre el místico humano y la Fuente Divina. Esta conexión es unión, y la unión es la naturaleza de la religión Ifá, avanzando la noción de que todo lo que reside en cualquiera de las mitades de la calabaza cósmica reside en la unidad de propósito y espíritu.

## *Irete*

*Irete* es como un lagar. Acciona el golpe de suerte de la vida; todos necesitamos tener vidas exitosas. Sin embargo, *irete* es algo más que la provisión de buena fortuna. *Irete* tiene que ver con la determinación, porque determinación es lo que se necesita para llegar a la abundancia que todos deseamos en la vida. La determinación es necesaria para transformarse según las urgencias del *ori* y el trabajo de adivinación. Confortado por el misticismo de *otura*, el adepto puede discernir el camino a seguir y apalancar la determinación con el apoyo de la adivinación, guiado y conducido con la sabiduría del *Odú Ifá*.

*Irete* es obstinado y exige que el seguidor de Ifá se aferre al destino que se le ha dado y lo haga realidad. Sin embargo, esa determinación obstinada puede tener un lado negativo. Esa misma cualidad puede ser mal dirigida, llevando al seguidor por el mal camino con objetivos que no están ligados a su destino. Peor aún, esa terquedad puede transformarse negativamente en una negativa a cambiar y mejorar.

La terquedad tiene una reputación negativa, pero tiene un propósito. Ese propósito no es quedarse atascado en un yo atrofiado por una negativa obstinada a avanzar, sino cambiar y crecer para llegar a la plena estatura de lo que significa ser un ser humano que practica Ifá. El propósito de *irete* es hacer nacer en el seguidor de Ifá la terquedad de no darse por vencido ni consigo mismo ni con Olodumare y los orishas, que representan al Dios distante.

Con el misticismo de *otura* influyendo en el seguidor, *irete* crece en el tipo de terquedad que realiza los sueños terrenales y construye el *ori* para su viaje por la eternidad y su propósito. Los dos están íntimamente conectados, con el misticismo guiando al creyente hacia su destino en el mundo espiritual e *irete* guiando al creyente en la tierra, porque en la tierra como seres materiales, creamos el modelo de la eternidad de los *ori*, mejorando las vidas de los que nos rodean y creciendo para ser el ejemplo que otros siguen.

## *Ose*

El *odú*/arquetipo de *ose* se ocupa principalmente de crear abundancia. Mientras que *irete* enseña y guía al seguidor a ser firme en su búsqueda de la abundancia, los fundamentos de *ose* están en el mundo y su poder. Va más allá que *ika* (capítulo once) en el sentido de que se refiere específicamente a la oración y al uso de la palabra como base.

*Ose* también se refiere a la reproducción y a la realización de *irosun* (la sangre menstrual y el útero). Los niños, en Ifá, son una manifestación de la abundancia y la materialización de la promesa de *irosun*. Mientras que *irosun* se refiere a toda abundancia, *ose* es más específico en sus intenciones, confrontando directamente a los seguidores con el imperativo de ser «fructíferos y multiplicarse».

En el mundo de *ose*, la abundancia y la fertilidad están en la propia palabra, expresadas en la oración. Y la sexualidad humana es, naturalmente, una parte importante de ese proceso. Lo erótico se celebra y se eleva en *ose*, ocupando un lugar de honor como fuente clave de la abundancia humana. Sin embargo, no es el erotismo del Occidente adicto al sexo; es el erotismo del deseo de tener hijos, el erotismo que desempeña un papel clave en el don de la reproducción. El deseo está en el corazón de *ose*, pero es un deseo que ve su fin último en la abundancia procreadora.

Sin el deseo erótico de la humanidad, *ose* es burlado, y los niños no se producen, y así, lo erótico es canonizado en la práctica de Ifá en este *odú*/arquetipo. Unido al misticismo de *otura* que reconforta el alma y hace crecer a *ori*, y al exprimir de *irete* las bondades de la vida, *ose* vence creando la abundancia que habla del éxito de la familia, del ardor de la pareja y del amor mutuo, y de la unidad amorosa de la lejana Creación de Dios.

Por último, el poder de la palabra es como la abundancia del agua, que hace brotar nueva vida. Cuando se derrama en la oración, o*se* derrama abundancia sobre el pueblo. La palabra informada por la sabiduría se convierte en fuente de abundancia como manifestación de la voluntad de Olodumare, entregando las bendiciones siempre destinadas a la humanidad, incluida la progenie.

## *Ofun*

*Ofun* es luz. Es la luz con la que se ve y experimenta el mundo material. Todo lo que ve se ve bajo la luz de *ofun*. Esto no quiere decir que *ofun* sea análogo, energéticamente, a Olodumare. *ofun* es un *odú*/arquetipo, que actúa energéticamente sobre la voluntad de Olodumare.

Este *odú*/arquetipo es la luz del mundo material, que hace que se produzcan milagros, pero sólo por el poder de la palabra. *ika* y *ose* conspiran en *ofun* para iluminar lo que está estancado y necesita transformación y regeneración. Cuando se pronuncia la palabra informada por la sabiduría, *ofun* revela la luz en forma de milagros.

La oración contestada es la obra de *ofun* en la creación, que da cuerpo al poder de la palabra con una respuesta. Puede que esa respuesta no sea el milagro que imaginamos, pero es un milagro. Está en consonancia con el destino, dándonos lo que necesitábamos pero que quizá no habíamos pedido. Puede que no hayamos pedido nada y, sin embargo, lo milagroso nos toca.

En *ofun*, el poder de la palabra se enciende, creando una dinámica comunicativa bidireccional. El creyente llama a la Creación con la palabra, y *ofun* hace brillar la luz que revela el milagro, creando algo nuevo.

## Interacción y realización

Este capítulo final no es distinto de un resumen de los *odú* principales de Odú Ifá. Estos cuatro *odú* representan la interacción y la realización de todos los *odú* precedentes, abarcando la promesa de adivinación para los suplicantes que acuden al sacerdote en busca de guía y sabiduría.

El misticismo de *otura* atraviesa al creyente, atándolo al mundo de los espíritus. La mano conductora del misticismo no se ve, es inmaterial y sólo la conoce el creyente. Esta experiencia directa de lo Divino no está disponible como experiencia compartida. Sólo existe en el corazón del creyente, que experimenta a Dios como Dios es. De este profundo lugar de comunión nace *irete*, que hace surgir la bondad del Orden Creado a través de la determinación obstinada del creyente. El resultado es la abundancia, pero como un regalo del creyente a Dios. Son los esfuerzos del creyente los que crean la abundancia. La abundancia de *irete* no es sólo un don; resulta de la unidad con todo lo que es y de las acciones que proceden debido a esa unidad. Esas acciones son firmes y dedicadas, y nunca vacilan de sus objetivos. En *ose*, el poder de la palabra es la fuente de la procreación y del erotismo que conduce a ella, haciendo realidad la promesa del vientre de *irosun* y de la sangre menstrual. Los niños son la versión de *ose* de la abundancia y la manifestación de *irosun*. *Ofun* arroja luz sobre la verdadera forma de la Creación, dando lugar a milagros como respuesta a la palabra infundida de sabiduría en la oración.

Estos cuatro *odú* hablan de todo el depósito de conocimiento ancestral representado por el *Odú Ifá* como la suma refinada de los principales *odú* que hemos leído. Todas las parábolas, narraciones y poemas incluidos en esta colección de lecciones de vida giran en torno al contenido de los dieciséis *odú*.

Los temas de la abundancia, la procreación y los milagros en respuesta a la oración se erigen como una versión en cápsula de cómo debe ser la vida en la cosmología de Ifá. Cuando la humanidad ha sido correctamente ordenada por la ortopraxis, el legado de esa ordenación se envuelve en un misticismo que conduce a la abundancia. Encarnada por la voz humana que invoca la palabra en la oración, la luz de *ofun* derrama sobre la Creación los milagros posibles para la humanidad alineada con la visión original de Olodumare.

La obra de la eternidad se realiza cuando se vive, se piensa y se actúa como elemento cocreador de la Creación. Las dos mitades de la calabaza cósmica se acercan, y Dios vuelve a estar cerca. Aunque Olodumare no esté «a la vuelta de la esquina», ya no está tan lejos, pues la humanidad cumple su parte del trato.

## El fruto

En estos cuatro, *odú* es la forma del plan divino para la humanidad, expuesto como un desafío. La humanidad tiene el poder de hacer realidad el sueño de Olodumare: que la calabaza cósmica vuelva a ser una sola cosa, no dividida por la grosería del comportamiento arrogante de la humanidad.

Al aprender a no tirar corazones de manzana en el césped de Dios, nos elevamos a la estatura deseada de las formas insufladas por Olodumare y modeladas por Obatalá. Ese sueño es el de la unidad y la acción correcta, que fluye de las lecciones aprendidas en la adivinación, el núcleo de la práctica y la vida de Ifá. En el *Odú Ifá*, las lecciones orientadoras y los relatos de los antepasados dibujan un cuadro de la humanidad: Así es como deben ser los seres humanos; así es como piensan y se comportan porque así es como los antepasados respondieron a los retos y oportunidades de la vida.

El sentido práctico de Ifá sirve de marco a su misticismo y a la promesa de una eternidad dedicada a reciclar, renovar y reutilizar la materia de la Creación, tal y como hizo Olodumare en el Momento Creativo. De la tierra pantanosa, Obatalá creó una tierra mejor. No fue un truco con espejos, sino un proyecto de construcción que edificó una Creación mejor a partir de la materia existente. Hoy, ese proyecto continúa en el trabajo del pueblo de Olodumare, los Ifá, en un estilo de vida religioso y una filosofía de vida que pretenden beneficiar no sólo a ellos mismos, sino a todo ser vivo.

Sin principio ni fin, el tiempo se mueve en un círculo vivido en la vida humana y en el mundo espiritual como una revolución continua y persistente. Refinándose y doblándose, presionando y rezando, aprendiendo y enseñando, el pueblo de Ifá vive su papel cocreador en el mundo como un estilo de vida que ha persistido durante 8.000 años. Los próximos 8.000 años y los siguientes no están prometidos, pero los Ifá saben que los ciclos del tiempo están preparados para girar. Y girarán, eternamente sin cesar.

# Conclusión

Su viaje al corazón de una de las religiones más antiguas y sofisticadas del mundo ha empezado. Esperamos que este libro le haya dejado con ganas de aprender más sobre Ifá y le haya animado a seguir explorando este antiguo sistema religioso y su mensaje a la humanidad. Ese mensaje debe formularlo usted mismo. Sin embargo, en su esencia, es un mensaje de trabajar con Dios para formar y reformar la Creación hasta que se alinee con la visión de Olodumare.

A los seres humanos se les da una meta elevada en Ifá, construir con el Gran Arquitecto la mejor versión de sí mismos para recrear una de las mejores versiones posibles de la Creación. Imagina la diferencia que ese pensamiento podría suponer para el mundo si todos nos lo tomáramos a pecho.

Que su viaje continúe, y que conozca la paz y la armonía en esta vida y en las siguientes.

# Vea más libros escritos por Mari Silva

## Su regalo gratuito

¡Gracias por descargar este libro! Si desea aprender más acerca de varios temas de espiritualidad, entonces únase a la comunidad de Mari Silva y obtenga el MP3 de meditación guiada para despertar su tercer ojo. Este MP3 de meditación guiada está diseñado para abrir y fortalecer el tercer ojo para que pueda experimentar un estado superior de conciencia.

https://livetolearn.lpages.co/mari-silva-third-eye-meditation-mp3-spanish/

# Referencias

15 datos sobre las religiones africanas. (2014, 16 de mayo). https://blog.oup.com/2014/05/15-facts-on-african-religions/

Google Arts & Culture. (s.f.). El pueblo yoruba de África Occidental. Sitio web de Google Arts & Culture: https://artsandculture.google.com/usergallery/EQKyzgLnW1j4IQ

Sawe, B. E. (2019, 17 de abril). ¿Qué es la religión yoruba? Creencias y origen yorubas. Sitio web de WorldAtlas. https://www.worldatlas.com/articles/what-is-the-yoruba-religion.html

Religión yoruba. (n.d.). Sitio web Encyclopedia.com:

https://www.encyclopedia.com/environment/encyclopedias-almanacs-transcripts-and-maps/yoruba-religion

Rodríguez, C. (2020, 11 de agosto). ¿Quiénes son Olofin, Olorun y Olodumare? Ashé pa mi Cuba. https://ashepamicuba.com/en/quienes-son-olofin-olorun-y-olodumare

Wigington, P. (s.f.). La religión yoruba: Historia y creencias. Aprender Religiones.

https://www.learnreligions.com/yoruba-religion-4777660

Cuba, A. pa mi. (2020, 9 de julio). ¿Qué es un Ebbó? Tipos y significados de esta sagrada limpieza astral. Ashé pa mi Cuba. https://ashepamicuba.com/en/que-es-un-ebbo-tipos-y-significado

Religión. (n.d.). Jrank.Org. https://science.jrank.org/pages/11051/Religion-African-Diaspora-Spiritual-Assets-Ase-Konesans.html

Rodríguez, C. (2020a, 1 de agosto). ¿Qué es irunmole? El surgimiento de los orishas. Ashé pa mi Cuba. https://ashepamicuba.com/en/que-es-irunmole-el-surgimiento-del-orisha

Rodríguez, C. (2020b, 25 de agosto). ¿Hay diferencia entre Orisha e irunmole? Ashé pa mi Cuba. https://ashepamicuba.com/en/diferencia-entre-orisha-e-irunmole

¿Quiénes son los orishas? (2016, 20 de septiembre). Centro de Danza DJONIBA. https://www.djoniba.com/who-are-the-orishas

Wigington, P. (s.f.). La religión yoruba: Historia y creencias. Aprender Religiones. https://www.learnreligions.com/yoruba-religion-4777660

Abata - mundo oculto. (n.d.). Occult-World.Com. https://occult-world.com/abata

Equipo del código antiguo. (2014, 16 de diciembre). Diosas de la mitología yoruba. Ancient Code. https://www.ancient-code.com/goddesses-yoruba-mythology

Asterope. (n.d.). Deidad de la semana. Blogspot.Com. https://deity-of-the-week.blogspot.com/search?q=ayao

Ayao - mundo oculto. (n.d.). Occult-World.Com. https://occult-world.com/ayao

Deidades de las religiones yoruba y fon. (n.d.). Encyclopedia.Com. https://www.encyclopedia.com/history/news-wires-white-papers-and-books/deities-yoruba-and-fon-religions

Fernández, N. C. (2020, 12 de septiembre). El orisha Abata, la serpiente entrelazada que complementa a Inle. Ashé pa mi Cuba. https://ashepamicuba.com/en/abata-orisha

Francisca, U. (2020, 22 de diciembre). Vea por qué Olokun es el dueño del mar profundo. XoticBrands Home Decor. https://www.xoticbrands.net/blogs/news/olokun

Diosa Oba. (2012, 26 de febrero). Viaje a la Diosa. https://journeyingtothegoddess.wordpress.com/2012/02/26/goddess-oba

Iwalaiye, T. (2021, 22 de octubre). Dioses africanos: ¿Quién es la diosa Oya? Pulse Nigeria. https://www.pulse.ng/lifestyle/food-travel/african-gods-who-is-the-goddess-oya/q5gf7h2

Konkwo, R. (2018, 18 de junio). Dioses y diosas yoruba. Legit.Ng - Nigeria News. https://www.legit.ng/1175618-yoruba-gods-goddesses.html

Nana buruku - mundo oculto. (n.d.). Occult-World.Com. https://occult-world.com/nana-buruku

Rodríguez, C. (2020, 13 de octubre). ¿Quién es Aha? El orisha del torbellino y el viento salvaje. Ashé pa mi Cuba. https://ashepamicuba.com/en/orisha-aja

Thafeng, V. A. P. (2021, 6 de septiembre). Los orígenes míticos de las diosas africanas en las sociedades de África Occidental. Blog Yoair.

https://www.yoair.com/blog/the-mythical-origins-of-the-african-goddesses-in-west-african-societies

Timesofindia. (2021, 22 de enero). Diosas inspiradoras de la mitología. Times of India. https://timesofindia.indiatimes.com/life-style/books/web-stories/inspiring-goddesses-from-mythology/photostory/80407777.cms

Visite el perfil. (2012, 25 de agosto). Dioses y diosas de África Occidental (2). Blogspot.Com.
https://kwekudee-tripdownmemorylane.blogspot.com/2012/08/sculptured-impression-of-olorun-1_25.html

Walker, S. (2021, 27 de abril). Las antiguas creencias de las diosas africanas. Amplify Africa. https://www.amplifyafrica.org/post/the-ancient-beliefs-of-african-goddesses

Yewa - Diosa yoruba de la virginidad y la muerte. (2021, 26 de octubre). Symbol Sage.
https://symbolsage.com/yewa-goddess-of-death

Sobre: Erinlẹ. (n.d.). DBpedia. https://dbpedia.org/page/Erinl%E1%BA%B9

Adoga, J., & Gbolahan, A. (2020). Oduduwa. Lulu.com.

Aganju. (s.f.). Gods & Goddess Wiki. https://gods-goddess.fandom.com/wiki/Aganju

Aganju: El cuarto Alaafin de Oyo deificado. (2019, 27 de septiembre). BIENVENIDO A MIS PALABRAS TEJIDAS.
https://mywovenwords.com/2019/09/aganju-the-deified-4th-alaafin-of-oyo.html

Canizares, R., & Lerner, A. E. (2000a). Babalú ayé: La santería y el señor de la peste. Publicaciones originales.

Canizares, R., & Lerner, A. E. (2000b). Babalú ayé: La santería y el señor de la peste. Publicaciones originales.

Dennett, R. E. (2019). Eshu. En Nigerian Studies (pp. 94-96). Routledge.

Erinle - mundo oculto. (n.d.). Occult-World.Com. https://occult-world.com/erinle

Joiner-Siedlak, M. (2018, 17 de diciembre). Babalú Ayé - el dios de las enfermedades. Monique Joiner Siedlak. https://mojosiedlak.com/babalu-aye-god-diseases

Joiner-Siedlak, M. (2019, 27 de septiembre). Los gemelos sagrados - Ibeji. Monique Joiner Siedlak. https://mojosiedlak.com/the-sacred-twins-ibeji

Konkwo, R. (2018, 18 de junio). Dioses y diosas yoruba. Legit.Ng - Nigeria News.
https://www.legit.ng/1175618-yoruba-gods-goddesses.html

Mark, J. J. (2021). Orisha. World History Encyclopedia. https://www.worldhistory.org/Orisha

Nut_Meg. (n.d.). Erinle. Obsidianportal.Com. https://god-touched.obsidianportal.com/characters/erinle

Rodríguez, C. (2021, 5 de enero). 10 elementos sobre Oduduwá: Deidad que rige los secretos de la muerte. Ashé pa mi Cuba. https://ashepamicuba.com/en/oduduwa-caracteristicas

Ṣàngó. (n.d.). Afropeans.Com. https://afropeans.com/kitchen/%E1%B9%A3ango-yoruba-god-of-thunder

Los 5 orishas más influyentes. (2019, 11 de agosto). The Guardian Nigeria News - Nigeria y World News. https://guardian.ng/life/the-5-most-influential-orishas

Los editores de la Enciclopedia Británica. (2015). Eshu. En Enciclopedia Británica.

Curnow, K. (s.f.). Capítulo 3.6: Arte y adivinación. En The Bright Continent: African Art History. Msl Academic Endeavors.

Técnicas de adivinación. (n.d.). Sitio web Uiowa.edu: https://africa.uima.uiowa.edu/chapters/divination/divination-techniques/?start=1

Santo, D. E. (2019). La adivinación. Enciclopedia de antropología de Cambridge. https://www.anthroencyclopedia.com/entry/divination

Ost, B. (2021). LibGuides: Libro de texto sobre religiones tradicionales africanas: Ifa: Capítulo 5. Nuestros ancestros están con nosotros ahora. https://research.auctr.edu/c.php?g=1122253&p=8185273

Egun / Los ancestros - Los conceptos religiosos yoruba. (n.d.). Sitio web de Google.com: https://sites.google.com/site/theyorubareligiousconcepts/egungun-the-ancestors

Aportado por Kalila Borghini, L. (2010, 9 de junio). Ofrendas y sacrificios: Honrar a nuestros antepasados nos ayuda a dar las gracias. Sitio web de GoodTherapy.org Therapy Blog: https://www.goodtherapy.org/blog/offerings

La nueva exposición empuja a los espectadores a conectar con la tradición africana de honrar a los ancestros. (n.d.). Sitio web de Wisc.edu: https://news.wisc.edu/new-exhibit-pushes-viewers-to-connect-with-an-african-tradition-of-honoring-ancestors

Cuba, A. pa mi. (2021, 11 de febrero). Los orishas, su sincretismo y el calendario de celebraciones yoruba. Ashé pa mi Cuba. https://ashepamicuba.com/en/calendario-yoruba

Editores. (2021, 10 de diciembre). Año Nuevo Yoruba. New York Latin Culture MagazineTM. https://www.newyorklatinculture.com/yoruba-new-year

Ifa Orisha Egbe Ile Tiwalade Comunidad Yoruba de Metro Atlanta, Georgia. (n.d.). Egbe Tiwalade. http://egbetiwalade.weebly.com/yoruba-calendar.html

Kim, A. (s.f.). ¿Cómo funciona el calendario yoruba? - Theburningofrome.com. Theburningofrome.Com. https://www.theburningofrome.com/trending/how-does-the-yoruba-calendar-work

NIGERIA HIGH COMMISSION. (s.f.). Nhcjamaica.Org. https://nhcjamaica.org/festivals.html

Olawale, J. (2018, 5 de enero). Festivales y fiestas yoruba en Nigeria. Legit.Ng - Nigeria News. https://www.legit.ng/1143388-yoruba-festivals-holidays-nigeria.html

Oro: Un festival yoruba en contra de las mujeres. (2018, 7 de mayo). The Guardian Nigeria News - Noticias de Nigeria y del mundo. https://guardian.ng/life/oro-a-yoruba-festival-that-is-anti-women

RajKumar. (2021a, 16 de abril). Meses del año en yoruba. Happy Days 365. https://happydays365.org/months-of-the-year/months-in-yoruba

RajKumar. (2021b, 18 de junio). Días de la semana en yoruba. Happy Days 365. https://happydays365.org/days-of-the-week/weekdays-in-yoruba

Surhone, L. M., Timpledon, M. T., & Marseken, S. F. (Eds.). (2010). Calendario yoruba. Betascript Publishing.

The Centenary Project. (sin fecha). Festival del nuevo ñame: Una celebración de la vida y la cultura. Google Arts & Culture. https://artsandculture.google.com/story/new-yam-festival-a-celebration-of-life-and-culture-pan-atlantic-university/vgUhxQmEwWsNLQ?hl=en

Babalola, A. B., Ogunfolakan, A., & Lababidi, L. (2020, 29 de octubre). Rituales, prácticas religiosas y fabricación de cuentas de vidrio/vidrio en Ile-Ife y Bida, Nigeria. Programa de conocimientos materiales en peligro. https://www.emkp.org/rituals-religious-practices-and-glass-glass-bead-making-in-ile-ife-and-bida-nigeria

Cómo invocar la energía de la diosa yoruba Oshun. (s.f.). Vice.Com. https://www.vice.com/en/article/3kjepv/how-to-invoke-oshun-yoruba-goddess-orisha

mythictreasures. (2020, 10 de mayo). Introducción a las velas de 7 días. Mythictreasures. https://www.mythictreasures.com/post/into-to-7-day-candles

Urošević, A. (2015, 23 de septiembre). La limpieza espiritual en Ifá: Baños «amargos» y «dulces». Amor et Mortem. https://amoretmortem.wordpress.com/2015/09/23/spiritual-cleansing-in-Ifa-sour-and-sweet-baths

Brandon, G. (2018). orisha. En Enciclopedia Británica.

«Santería»: La Regla de Ocha-Ifa y lukumi. (n.d.). Sitio web Pluralism.org: https://pluralism.org/%E2%80%9Csanter%C3%ADa%E2%80%9D-the-lucumi-way

Instituto del Diálogo. (s.f.). Información sobre religiones afro-caribeñas y africanas -.Sitio web del Instituto del Diálogo: https://dialogueinstitute.org/afrocaribbean-and-african-religion-information

Personal de Currents. (s.f.). Religiones de base africana: Santería, Candomblé, vudú. Sitio web de Riverwestcurrents.org: https://riverwestcurrents.org/2006/04/african-based-religions-santeria-candomble-vodoun.html

Aganyu - mundo oculto. (n.d.). Sitio web Occult-world.com: https://occult-world.com/aganyu

Ajé-shaluga - mundo oculto. (n.d.). Sitio web Occult-world.com: https://occult-world.com/aje-shaluga

Asterope. (s.f.). Deidad de la semana. Sitio web Blogspot.com: http://deity-of-the-week.blogspot.com/search/label/yoruban

Ayao - mundo oculto. (s.f.). Sitio web Occult-world.com: https://occult-world.com/ayao

Babalú ayé - mundo oculto. (n.d.). Sitio web Occult-world.com: https://occult-world.com/babalu-aye

Coburg, A. (2012). Osain: Cantos a osain (1ª ed.). http://readersandrootworkers.org/wiki/Osain

Eshu elegbara - mundo oculto. (n.d.). Sitio web Occult-world.com: https://occult-world.com/eshu-elegbara

evelynna. (s.f.). Oxumaré escrito por Evelynn Amabeoku. Sitio web Blogspot.com: http://ucrpandas.blogspot.com/2009/05/oxumare-written-by-evelynn-amabeoku.html

Fatunmbi, L. (2000). Ochosi: IFA y el espíritu del rastreador. Plainview, NY: Original

Publications.

Fatunmbi, L., y Canizares, R. (2000). Obatalá: Santería y el rey blanco de los orishas. Plainview, NY: Original Publications.

Fernández, N. C. (2020, 11 de diciembre). ¿Conoce las hierbas sagradas de Oshosi? 8 plantas que debe conocer. Sitio web de Ashé pa mi Cuba: https://ashepamicuba.com/en/hierbas-de-oshosi

Fernández, N. C. (2021, 10 de enero). Ayana, Aja y Ayao: Tres deidades menores muy poderosas de la Osha. Sitio web de Ashé pa mi Cuba:

https://ashepamicuba.com/en/ayana-aja-y-ayao

Diosa Egungun-Oya. (2012, 6 de junio). Sitio web de Viaje a la Diosa: https://journeyingtothegoddess.wordpress.com/2012/06/06/goddess-egungun-oya

Ibeji - mundo oculto. (n.d.). Sitio web Occult-world.com: https://occult-world.com/ibeji

Joiner-Siedlak, M. (2019, 6 de junio). Ochosi - el cazador. Sitio web de Monique Joiner Siedlak: https://mojosiedlak.com/ochosi-the-hunter

Mark, J. J. (2021). Orisha. World History Encyclopedia. https://www.worldhistory.org/Orisha

Mawu madre tierra. (2013, 27 de agosto). Sitio web de las Madres de la Luna de la Bahía de la Media Luna: https://moonmothers.org/2013/08/27/mawu-mother-earth

Mawu-Lisa - mundo oculto. (n.d.). Sitio web de Occult-world.com: https://occult-world.com/mawu-lisa

«Los temas de Mawu son la creatividad, la Ley Universal, la pasión, la abundancia, el nacimiento y la inspiración. Sus símbolos son la arcilla y ... (s.f.). Sitio web de Pinterest: https://www.pinterest.com/pin/54254370495561047

Melissa. (2018, 17 de marzo). Oshumare - la serpiente sagrada. Sitio web de Religiosidad Afrodiaspórica: https://candombleusa.wordpress.com/2018/03/17/oshumare-the-sacred-serpent

Nana buruku - mundo oculto. (n.d.). Sitio web Occult-world.com: https://occult-world.com/nana-buruku

Oba - mundo oculto. (n.d.). Sitio web Occult-world.com: https://occult-world.com/oba

Ogun. (n.d.). Sitio web de la Iglesia de Santería de los Orishas: http://santeriachurch.org/the-orishas/ogun

Ogun - mundo oculto. (n.d.). Sitio web de Occult-world.com: https://occult-world.com/ogun

OLODUMARE - los conceptos religiosos yoruba. (n.d.). Sitio web Google.com: https://sites.google.com/site/theyorubareligiousconcepts/olodumare

Olokun - mundo oculto. (n.d.). Sitio web Occult-world.com: https://occult-world.com/olokun

Orisha - mundo oculto. (n.d.). Sitio web Occult-world.com: https://occult-world.com/orisha

Orisha Oko. (n.d.). Sitio web de la Iglesia Santera de los Orishas: http://santeriachurch.org/the-orishas/orisha-oko

Orisha Oko - mundo oculto. (n.d.). Página web de Occult-world.com: https://occult-world.com/orisha-oko

Osain - mundo oculto. (n.d.). Sitio web Occult-world.com: https://occult-world.com/osain

Oshumare - mundo oculto. (n.d.). Página web de Occult-world.com: https://occult-world.com/oshumare

Oshun - mundo oculto. (n.d.). Página web de Occult-world.com: https://occult-world.com/oshun

Oya - mundo oculto. (n.d.). Sitio web Occult-world.com: https://occult-world.com/oya

Luna púrpura - Orisha Osain. (n.d.). Sitio web Pmtarot.com: https://www.pmtarot.com/m/showproduct.php?p=07278&c=&lang=eng

Rodríguez, C. (2020a, 24 de agosto). SUSCRIBIRSE GRATIS Eleguá es el Orisha eterno guardián de los caminos y Leer más. Sitio web Ashé pa mi Cuba: https://ashepamicuba.com/en/plantas-de-elegua

Rodríguez, C. (2020b, agosto 27). 10 plantas representativas de Obatalá. Sitio web Ashé pa mi Cuba: https://ashepamicuba.com/en/plantas-de-obatala

Rodríguez, C. (2021, 5 de enero). 10 elementos sobre Oduduwá: Deidad que rige los secretos de la muerte. Sitio web de Ashé pa mi Cuba: https://ashepamicuba.com/en/oduduwa-caracteristicas

Referencia SAGE - enciclopedia de la religión africana. (n.d.). Sitio web Sagepub.com: https://sk.sagepub.com/reference/africanreligion/n323.xml

templeofathena. (2016, 9 de septiembre). GMC: Orisha Osumare. Sitio web de Temple of Athena the Savior: https://templeofathena.wordpress.com/2016/09/09/gmc-orisha-osumare

El panteón afrocubano de los orishas. (n.d.). Sitio web Historymiami.org

Vaughan, S. A. (2017). Ibeji. http://santeriachurch.org/the-orishas/ibeji/

Perfil de la visita. (2013, 11 de diciembre). La deidad olokun y sus diversos festivales olokun. Sitio web de Blogspot.com: https://kwekudee-tripdownmemorylane.blogspot.com/2013/12/olokun-deity-and-its-various-olokun.html

Yemayá - mundo oculto. (n.d.). Sitio web Occult-world.com: https://occult-world.com/yemaya

AfrikaIsWoke.Com. Oráculo de Ifá: Los 16 *Odú Ifá* y su significado. (2022, 3 de febrero). https://www.afrikaiswoke.com/ifa-oracle-the-16-odu-ifa-their-meaning/

Biblioteca Woodruff del Centro Universitario de Atlanta. (2022). Religiones tradicionales africanas: Ifa. Atla.

https://atla.libguides.com/c.php?g=1138564&p=8386152

Bascom, W. R. (1969). Ifá: Comunicación entre dioses y hombres en África occidental. Indiana University Press.

Dev, B. (2016, 4 de febrero). Ocho datos interesantes sobre el pueblo yoruba. Bashiri. https://bashiri.com.au/eight-interesting-facts-yoruba-people/

Faseyin, A. Z., & Faseyin, F. A. Y. (2006). IWAKERI: La búsqueda de la espiritualidad en África por Awotunde Yao Zannu Faseyin. Lulu Enterprises Incorporated.

Universidad de Harvard. (s.f.). Ifá. https://projects.iq.harvard.edu/predictionx/ifa

Odutola, K. (2019. Cultura y costumbres yoruba. Ufl.Edu.

Packer, M. J., & Tibaduiza Sierra, S. (2012). Una investigación psicológica concreta de la adivinación Ifá. Revista Colombiana de Psicología, 21(2), 355-371.

Estudio.Com. El pueblo yoruba: Lengua, cultura y música. (s.f.). https://study.com/academy/lesson/yoruba-people-language-culture-music.html

Walker, R. A. (2009). Las artes de África en el Museo de Arte de Dallas. Yale University Press.

Winn, L. M., & Jacknis, I. (Eds.). (2004.). Arte y cultura yoruba. Universidad de California. https://hearstmuseum.berkeley.edu/wp-content/uploads/TeachingKit_YorubaArtAndCulture.pdf